HOW TO MAKE FRIENDS
WITH 300 MILLION CONSUMERS OF THE NEW MIDDLE CLASS

如何与3亿新中产
交朋友

李骞 著

零边界商业时代的

创新、变革与品牌决战

人民东方出版传媒
东方出版社

目 录
CONTENTS

前言　从技术到人心

愿意的人，命运领着他走；不愿意的人，命运拖着他走。

——斯宾格勒

19 世纪伟大的哲学家黑格尔曾说：人类从历史中得到的唯一教训，就是没有从历史中得到过任何教训。从悲观角度看，这句话表达了人类容易迷失在现实世界中而忘却历史的教训。从乐观角度看，人类历史每天都在发生新的变化，人类或许只能从过往的历史中吸取有限教训，但不能完全靠历史经验解决当下和应对未来。

改革开放 40 年，也是中国民营企业从发力到壮大的 40 年，在这 40 年中，诞生了无数企业，这些企业的诞生、发展、壮大乃至消亡，构成了中国经济腾飞的不凡历程，也是 40 年来中国商业底层逻辑不断跃迁的结果。因此，我们以 40 年左右的时间尺度，来观察我国企业发展底层商业逻辑变迁及企业这一"主角"的发展命运，也就更具现实意义以及未来意义。

当前，人类仍处在第三次科技革命的时代，这一时代所取得的科技成果中，电子计算机的普及以及全球互联网的发展占很大的比重。如果我们把中国企业 40 年的发展通过一个基准再划分，会发现按互联网作为参照划分具有特殊的意义。虽然我国第一台电子计算机于 1958 年就已问世，但真正进入互联网经济时代是 1994 年，这一年我国全功能接入互联网（Internet）。

以互联网经济为基准，可以将我国 40 年企业发展阶段划分为前互联网时代、互联网时代及后互联网时代。互联网的发展不仅对经济、政治、文化等要素形成了冲击，几乎彻底改变了我们每一个人的消费、沟通、出行等生活方式，还对人类认知、决策行为、交往方式等产生了革命性的影响，这种影响，反过来影响了当下企业的创新与发展。

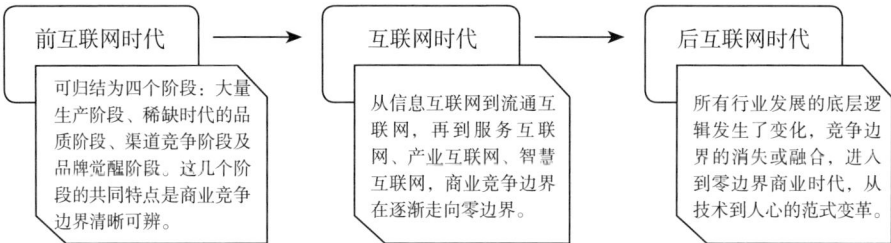

前互联网时代	互联网时代	后互联网时代
可归结为四个阶段：大量生产阶段、稀缺时代的品质阶段、渠道竞争阶段及品牌觉醒阶段。这几个阶段的共同特点是商业竞争边界清晰可辨。	从信息互联网到流通互联网，再到服务互联网、产业互联网、智慧互联网，商业竞争边界在逐渐走向零边界。	所有行业发展的底层逻辑发生了变化，竞争边界的消失或融合，进入到零边界商业时代，从技术到人心的范式变革。

前互联网时代—互联网时代—后互联网时代

而后互联网时代，则是整个商业呈现出新的底层商业逻辑，我称之为零边界商业时代。这有点像乔良将军提出的超限战。如果说事物相互区别的前提是边界或者界限的存在，在这个万物相依的世界上，界限只有相对意义。所谓零边界，是指超越所有被称为或是可以理解为界限的东西，被超越，或者被融合。不论它属于物质的、技术的或是精神的。改革开放 40 年，企业在发展与竞争过程中，物理要素所构成的边界、信息要素所构成的边界被一一突破并融合，而未来这个时代，突破的则是人心。

新时代消费者心理与过去大为不同，他们是随着移动互联网时代成长的原住民，是社会的新主流，是改革开放 40 年财富积累后的消费人群，他们形成了新的心理状态，新的生活方式，新的消费决策模式，这个整体族群的状态决定了商业的新未来，这个群体今天叫"新中产"。

第一章

从边界时代走向
零边界商业时代

导言　由"超限战"所想到的

愈演愈烈的产业变革与商业竞争，让我想起了一个军事学概念——"超限战"。

"超限战"一词最早由我国军旅作家乔良将军和空军大校王湘穗提出，指超越"界限（和限度）"的战斗或战争，未来的战争无处不在，包括金融、贸易、网络骇客、媒体与国际法等范围，不分时间，不分地点。这一军事思想在海湾战争后影响深远。

"超限战"的话题虽然集中在军事领域，但也给我们看待其他事物提供了一个全新的、更高维度的视角。

事物之间相互区别的前提是有界限的存在。在这个万物相依的世界上，界限只是相对的，不是绝对的。所谓超限，是指超越所有被称为或可以理解为界限的东西。不论这一界限是属于物质的、精神的还是技术的，对界限的超越就是对思想、理念和方法的同时超越。

产业竞争就进入了这样一个时代，但产业的发展又不仅表现在竞争层面。

过去，我们在一个有限的边界内竞争和发展，我们只要在某些方面具备"独门秘籍"，一般都会有我们的容身之地。但是在今天，这一点已经开始变得无效。我们对产业发展和竞争所设置或者界定的各种边界中，比如所谓的专注度，所谓的线上线下，所谓的各种渠道、各种关系，甚至在企业岗位设置和市场区隔方面的种种做法，都突然打开，开始失效，或融合，或消失，而新的竞争边界，变得无比宽广，甚至按照我们今天的视野已无法确定边界。

我将这个新的商业时代定义为"零边界商业时代"。

也许，零边界就是今天的商业状态。这种状态一方面体现为看不到边界，另一方面体现为现有边界的融合乃至于边界的消失。

那么我们会问：

不确定性的零边界商业时代，我们在哪里，又该如何自处？

技术驱动商业变革，线上与线下开始协同，我们如何接受技术赋能，进化为零售新物种？

头部企业竞争愈趋激烈，中小企业生存转型艰难，竞争的战场转向哪里，我们如何在激烈的对抗中有充足的发展空间？

用户不断换代，心智不断跃迁，他们到哪里了，如何找到他们，如何与他们产生连接，成为我们的用户，成为我们的朋友？

今天的商业为什么会进化成这样，它是一种什么样的状态，与过去有什么区别，我能适应吗？

这个时代从哪里来，又要到哪里去，品牌企业应该如何思考呢？

我知道，零边界商业时代是一个异常残酷的商业时代，打碎过去的边界时代，又要重新建立一个新的商业时代，在新旧时代的转换过程中，企业的死亡是常态，新生也是常态。对于死亡的企业是残酷的，对于新生的企业是欢欣的，就像一个偌大的生态系统，在一片欣欣向荣的背后，是一场生死竞争，又是一片共生共存的自然生态。无论我们多聪明，我们都在自然规律之中。

让我们一起进入零边界商业的新时代，让我们一起开脑洞，一起提升我们对未来的商业认知，升级打怪，成为零边界商业时代的人生赢家。

也让我们站在改革开放 40 年的历史大尺度上，思考过去，判断未来。

第一节　前互联网与边界竞争时代

　　顾名思义，在互联网诞生之前的时代都可称之为前互联网时代。若是如此界定，前互联网时代是一个时间跨度足够长的概念，可以追溯上千年的人类文明历史，这样划分对现实没有多少可资借鉴的意义。所以，我们还是将目光聚焦到中国改革开放 40 年的企业发展史上，从 1978 年党的十一届三中全会宣告改革开放开始，到 1994 年中国正式引入互联网这一阶段，可以归结为前互联网时代。虽然历程短短不到 20 年，但这期间我国经济却呈现出前所未有的波澜壮阔图景。

　　由于我国所处特殊历史阶段及特殊国情，在这个时间段内，我们同时跨越了商业文明发展的三个阶段，即农业时代、工业时代与后工业时代的萌芽状态。

　　改革开放前，由于生产工具、交通工具落后，路网及信息不畅通，再加上所有制对农民和工人主动性的束缚和禁锢，无论是工业还是农业，劳动生产效率普遍低下。再加上农业产出严重不足，农民购买力低，同时，各类工业产品也极为稀缺，是一个整体产品稀缺，购买能力爆弱的时代。改革开放后，依赖于联产承包责任制的启动，在其他要素不变的情况下，农民的生产动能被大大调动起来，农业生产效益得到迅速提升，农业剩余为工业化的发展提供资金支持的同时，也提供了巨大的消费市场需求。

　　关于这一阶段的经济发展史及企业发展史，相关论述已经汗牛充栋，在此不再详叙。

　　需要分析的是，在这一历史进程中，经济发展和市场变化如何渐进式地影响了中国企业营销逻辑的变迁。为了更清晰地认识这一逻辑，我们可以将整个前互联时代归结为四个阶段：大量生产阶段、稀缺时代的品质阶段、渠道竞争阶段和品牌觉醒阶段。

大量生产阶段

20世纪80年代初，物质的稀缺是全方位的，以当时年轻人的结婚聘礼为例，自行车、缝纫机和手表，号称"三大件"，有这三大件婆媳妇就不用愁了。后来聘礼又发展到新三大件：彩电、冰箱和洗衣机。在今天看来，按照当时的价格对比当时的收入，新三大件可谓天价，并且这些产品当时基本只靠进口，是少数人凭票才能购买到的稀缺货。

拿彩电行业举例，1984年，原电子工业部作出加速彩电国产化步伐的决策，实施彩电国产化"一条龙"工程。在国家大力扶持下，彩电业增势迅猛，企业数量从最初的几家国有企业，一夜之间发展到几十家、上百家，虽然蜂拥而上，产能大增，但仍然供不应求。由于技术的落后，我国诞生的上百家电视机生产企业，基本上没有自己的核心器件，只要能够在采购彩管、管理工人、组装生产、扩大产能上有基本功，就可获取丰厚利润。

那是一个企业可以"躺着数钱"的时代，我们可以将其称为生产时代或工厂时代。回头来看，只要是国家放开的消费品领域，只要你"撸起袖子加油干"，创造条件成立工厂，就能收入倍增。

当然，这儿所论述的工厂时代是不规范和粗放式的，是建立在供求严重不平衡的物质稀缺年代，是完全的卖方市场。站在今天看，过去数量庞大的国内彩电企业，目前只剩下少数几家在努力支撑，因为现在的市场相比过去已变得面目全非，大量生产大量销售的时代已经结束，迎来了我今天称之为稀缺时代的品质阶段。

稀缺时代的品质阶段

幸福的日子久了，就会被幸福的日子淹死。足不出户，货行天下的时代很快走到了尽头。改革开放初期，由于稀缺所产生的巨大需求，催生出企业产能扩张的巨大动能，老的企业不断扩大产能，新的企业也不断加入进来，逐渐导致产能过剩，市场很快从卖方市场转向买方市场。过去依靠大量生产、大量销售的方法行不通了，消费者开始觉醒，不再只图便宜，而是对产品的功能性品质有了基本追求，企业也开始从"供应导向"转向为"竞争导向"。

一句话，过去比谁生产的产品多，现在则是比谁生产的产品好。

一批有远见的企业家，开始了品质之路。张瑞敏砸冰箱，成了那个时代的标志性事件。对品质苛刻的重视，未必从张瑞敏而始，但张瑞敏成了那个时代的符号，甚至拍成了电影《首席执行官》。这一行动或事件，开启了"提高产品质量"的时代。

如果以"张瑞敏砸冰箱"事件为起点，到现在为止，那个时代存留下来的企业和企业家已凤毛麟角。那些还停留在追求产品数量，或者对产品质量不重视的企业，在未来的市场竞争中都会被淘汰出局。原因很简单，时代变了，而那些企业家的思想没有跟着变，仍旧躺在幸福的温床上睡大觉。

站在今天看，那个时代的多数企业家，有先天性的缺陷，很多是由乡镇企业发展起来的私营企业，多是洗脚上田的农民，在稀缺时代，他们以敢想敢干敢当著称，或者是无退路，被逼着干，但无论主动被动，都赶上了稀缺时代的大好春天，成了那个时代的创业主角。但由于他们的学习能力不足，对时代变化的认知和嗅觉难免失灵，于是前浪就死在沙滩上。只有那批与时俱进、不断跟随时代进步的企业，在消费者对产品品质的要求开始重视之初，就转变企业的核心和重点，及时调整公司战略，才得以在新的时代生存下来，快速发展。

品质时代的开启，宣告了消费品市场整体上从卖方市场转向买方市场，虽然某些领域的某些产品仍旧供不应求，但大多数国家放开的消费品领域已不再是数量多寡和价格便宜的问题了。

渠道竞争阶段

随着企业在生产环节的竞争加剧，多数品质不过关的企业被市场淘汰出局，但留下来的企业所生产的产品品质却呈现出同质化的趋势，因为在生产环节上，同行业企业之间的生产水平已经相差不大，所以企业间竞争开始走向纵深，从规模生产、品质竞争的时代，进入到产业链下游，以渠道竞争为重点的时代。

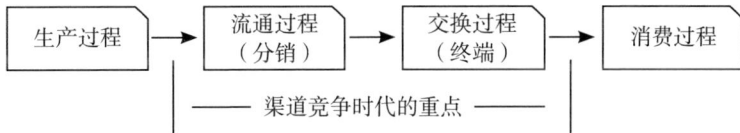

图 1.1 竞争走向产业链下游，流通过程（分销）和交换过程（终端）成为竞争重点

这一阶段中，渠道成为我国企业成长过程中最为关键的外部动力，在国内产品同质化越来越严重的时代，或者国内品牌无法与国外品牌巨头相抗衡的时候，产品被市场深度认可的唯一一条路就是渠道建设（部分原因是中国特殊的流通环境）。这个阶段，营销人挂在嘴边的口号是"渠道为王"和"终端制胜"。这两句口号的含义不言而喻，对品牌厂家来说，一方面，可以通过利益杠杆吸引渠道最大限度囤货，迅速回笼资金，同时也向下游渠道商施加巨大的销售压力；另一方面，可以与竞争对手抢夺宝贵的终端资源，争夺更多与消费者接触的机会，占据更大的市场份额。

每个企业基于产品、顾客和本身资源禀赋的不同，所设计的渠道模式各有不同，但细数今天仍旧活跃在我们当代市场中的消费品企业，如家电领域的海尔、格力、TCL，快消品领域的娃哈哈等少数头部成功企业，无一不是在当年的渠道竞争上远远甩开了竞争对手。

如果将这一阶段的渠道竞争全景式描绘的话，可谓是盘根错节，复杂多变，主要包括厂家和厂家之间的渠道竞争，厂家和商家之间的渠道竞争及商家和商家之间的渠道竞争。为了简单梳理这一阶段的竞争态势，在此只讲厂家和厂家之间、厂家和零售巨头之间的渠道竞争和博弈。

厂家和厂家之间的渠道竞争，TCL 打败长虹

前文说过，在稀缺的品质时代，只要品质可控，是一个依靠大量生产和大量分销就能"躺赢"的时代。当年的长虹具有军工背景，上马了我国彩电业第一条现代化生产线，是沪市龙头股，品质和产能自不待言，而且在下游全国布局有许多类似"郑百文""武汉中商"等大型的经销贸易商。最辉煌的时候，长虹的销售份额一度逼近全国彩电销售额的 35%，也就是说中国人所有的彩电，每三台就有一台是长虹。就在长虹踌躇满志，打算将品类扩充到其他家电产品，实现"家电帝国"的梦想之际，TCL 却出乎意料地迅速崛起，并将长虹挤压出局，在市场上一蹶不振。

即便从今天看来，当年的 TCL 无论在哪方面都与长虹不是一个等量级，尤其是在产品竞争力和品牌影响力方面，依靠国内先进的技术优势和生产装备，长虹足以睥睨天下。

最强大的对手也有弱点，甚至是越强大弱点越明显。

长虹的弱点是没有认识到市场已经从品质竞争时代向渠道竞争时代过度，长虹虽然也采取分销模式，但采取的是一种"大分销"模式，只要向下游大经销商完成供货和回款，其他的市场工作一概不理，也就是没有把经销商组织起来，形成"厂家—经销商"的一体化关系。与其说这给 TCL

造成了机会，不如说市场使然，TCL 采取了后来中国营销人津津乐道的"渠道为王""终端制胜"的渠道战略，当然也诞生了一个更具概括性的中国式营销名词——深度分销。

TCL 具体的策略要点是"农村包围城市"，就是甩掉一级经销商，不与长虹进行正面交锋，而是按照一县一户的政策划定市场区域，由于大多数县域经销商或零售商（有些是重叠）经营规模小，综合实力弱，经不起串货和乱价的冲击，所以 TCL 采取了区隔性的市场策略及严格的市场管理手段，强有力地维护市场秩序，保护他们的区域利益。

通过一年的时间，TCL 与大约 3000 个县级分销商结成策略联盟，并通过分销商控制了一万多个零售门店，由此构筑了一个庞大的"垂直分销与零售网络体系"。

管理如此庞大的渠道和零售体系需要强大的执行力，对此，TCL 采取了强硬的行政性手段，要求全国 7 个销售大区按整体策略方针采取统一行动，并明确下达指示，不允许像长虹那样与经销大户做倒手买卖，确保整体策略的落实到位。

这样一来，得到支持和保护的县域零售商迸发出极大的能动性，随着时间的推移，TCL 的分销和零售体系打断了长虹与分销商、零售商及最终消费者的联系，阻止长虹产品顺利通过分销与零售环节进入消费领域，使之滞留在流通领域乃至生产领域。

在 TCL 的示范效应下，引发了更多的彩电企业竞相仿效，纷纷采取这一模式进入市场终端，形成了对长虹产品的封杀之势，导致长虹产品不能有效进入消费领域，大量货物包括半成品、成品和物料滞留在各环节，滞留在工业库和商业库，使长虹的价值链发生断裂，包括供应链、分销链、需求链、消费链。

就像交通道路一样，只要一个环节堵塞，整条线路就会瘫痪。1998年年底，长虹积压了 400 万台彩电和 70 万支显像管。长虹庞大的产能和产量成为沉重的包袱，大量的自有资金变成存货，难以变成现金流，进而引发了一系列连锁反应，使整个企业陷入恶性循环之中。

而TCL却快马加鞭，借助庞大的、竞争对手难以在短时间内复制模仿的渠道零售体系，迅速推出新款产品，进一步阻截了长虹产品抵达终端的速度。到2003年年底，TCL的总销量达900万台，三分天下有其一，成了名副其实的"王牌彩电"。

厂家和零售巨头之间的渠道竞争，格力挑战国美独树一帜

随着渠道竞争的进一步加剧，紧接着各个消费品领域的企业几乎都在尝试做垂直的深度分销，但深度分销又是一个庞大的体系，需要投入较多资源，换句话说，只有那些能够建设、驾驭、管理庞大营销团队的企业才能够有效实施深度分销，所以这套体系看似简单但并不容易模仿，况且，深度分销也有失灵的时候，一旦投入产出达到边际效益，这种垂直的分销体系就开始失效。

正是在市场需求和市场竞争的结果下，市场上逐渐诞生了从根本上改变渠道模式的连锁零售巨头，如家电行业的国美、苏宁，家具行业的居然之家、红星美凯龙，以及零售综合商超的大润发等，这些强势业态的迅速崛起成为渠道竞争中举足轻重的力量。

还是以家电行业为例，我们分析一下家电企业的自建渠道与零售巨头的博弈。

在这个阶段，国美和苏宁，一北一南，形成了家电零售领域的双寡头格局，再无其他线下零售可以撼动其地位。由于两家零售巨头不断扩张，聚集线下用户，形成了线下购买家电用户的主要流量入口，尤其是在一线城市，几乎主宰了家电零售渠道主导权。

这种主导权，对厂家来说是把双刃剑。如果产品能够进入两家所有的

零售卖场，意味着能够迅速获得各大城市终端产品展示和销售机会；另一方面，当零售主导权不在厂家手中，意味着在渠道上会被"挟天子以令诸侯"，零售巨头为了获取更大的利润，利用这种主导权挤逼上游厂家的利润。

由于两家零售巨头是直接采销模式，与后来家居行业红星美凯龙、居然的店租模式不同，零售巨头当然是拿货价越低越好，账期越长越好，再加上国美、苏宁商家与商家之间的竞争关系，为了打压对方，还会分别以自己的资源为筹码，向厂家要求比对手更好的条件，或者独家供货，或者降价促销，从而不断对厂家形成挤压。

在此背景下，两家零售巨头与家电厂家发生多次价格博弈，引起媒体广泛报道。最知名的是 2004 年格力公开叫板国美。国美是零售巨头，业内大部分中小家电企业由于实力不济，筹码不够，对于国美的种种要挟，如昂贵的进场费和引流费，严格的配送要求等，多是默默承受。但格力电器总经理董明珠采取了与其他家电厂商默默忍受截然不同的做法：全国范围撤场。董明珠底气的背后，源于自身打造的一条由格力自身控制的销售渠道，而其他品牌企业则没有这一实力和能力。

在当时，海尔等其他家电品牌都尝试过自建渠道系统，以期摆脱对零售连锁巨头的依赖，但都以失败而告终，唯有格力，走出了一条自建渠道的道路，并且获得极大成功。

在家电业日趋白热化的竞争当中，这位"单打冠军"的撒手锏就是"另类"渠道。股份制销售公司是格力特有的市场模式，是建立在厂商之间的营销联盟，形成利益共同体。具体做法是：联合某地区内几家经销大户，由格力电器控股，以资本为纽带，以品牌为旗帜，合资组建联合股份销售公司，代理某区域的格力销售，即把当地原先各自分散的格力销售和服务网络收在一起，统一价格对外批货。这样一来，在市场操作中，有效解决了价格混乱等令业内头疼的难题，给商家和厂家都带来了更丰厚的回报。

格力先后在 30 多个省、直辖市、自治区成立了区域性销售公司，并通过进一步增持"区域性销售公司"的股份，达到了更加有效的掌控。

从本质上讲，营销模式不过是企业整体营销战略的一个组成部分。在整体战略上，格力最突出的一点是对产品高品质追求的持之以恒。与有些品牌急功近利，不重视消费者的需求和利益，只一味地借助渠道推力形成鲜明对比，格力之所以在国内市场上能够持续处于强势地位，领先同类竞争品牌，最根本的要素是产品过硬。须知，无论是大型家电零售巨头还是区域性经销商，他们也需要过硬的产品价值优势来吸引消费者。

在国内这样一个地域广大、层次多样、消费能力差别明显的市场上，渠道竞争在今天的市场竞争中仍旧是一个重要的营销话题，只不过，渠道因素在当年的企业竞争中居于更加突出的位置。

品牌觉醒阶段

细心的读者会发现，前文所提到的每个企业发展阶段，所采取的营销路径，无论是稀缺时代的品质阶段还是渠道竞争阶段，都离不开渠道的推力，也就是说，产品要到达消费者手中，基本上是企业主动推销，消费者被动选择，很少有企业能够靠品牌的拉力让消费者主动寻找产品。

事实上也是如此，在品牌所带来的市场拉力这一点上，中国企业走得非常艰辛。因为中国企业与跨国公司在品牌竞争上起点完全不同，客观地说，加入 WTO 后，中国品牌在中国本土上与跨国品牌竞争已经不公平，在国际市场上就更是如此。中国企业只能以主动积极的态度想方设法地将产品或服务推向市场。这个推力就是渠道，它源自于产品或服务提供商所设计和建立的渠道网络。企业在初创阶段，渠道推力是企业成长的主要动力；相对的，随着企业通过渠道使产品逐渐被消费者接受，加之对品牌的投入和经营，才使品牌逐渐产生了拉力。

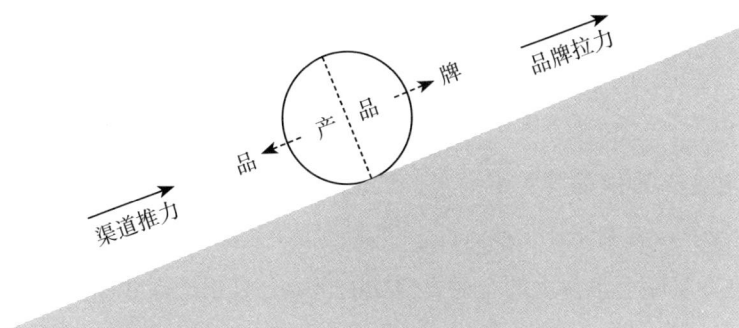

图 1.2　品牌斜坡，由渠道推力到品牌拉力

从稀缺时代走向品质时代，从渠道竞争时代走向品牌竞争时代，是现代企业发展的必然之路。品牌，成了企业构筑护城河的重要门槛与竞争利器。

中国企业进入品牌觉醒时代

不过，也只是觉醒，离理性的品牌认知相差甚远，也不是所谓正规打法。本土企业对品牌的认知，多是舶来的概念，尤其是从美国企业界、广告界、咨询界和学术界"取经"。美国企业对品牌的认知，是不断适应新的用户、新的竞争的结果，已经过了多次的迭代。而我们对品牌的认知才刚刚开始，所以，对美国品牌概念的理解和模仿，不管是美国营销之父菲利普·科特勒的营销思想，还是劳斯·瑞夫斯的独特销售主张（USP），大卫·奥格威的品牌形象理论，艾·里斯与杰克·特劳特的定位理论等等，这些陆续引进来的品牌理论，在不同层面、不同时间，对不同的企业经营者产生了影响，在他们各自本土化思考和实践中产生了一定的价值。

有些知名的商战案例，可以见证那个时代的品牌塑造历程。比如央视标王战的爱多 VCD、秦池酒等，凭借在央视夺取广告标王，以及超出当时人们认知的电视广告投放，在信息不对称、不发达，媒体影响力集中度高的时代，迅速成为行业知名度最高的品牌，并获得几何级数的销量增长，但由于产品质量、售后问题，以及信用等问题的集中爆发，这些品牌"其兴也勃焉，其亡也忽焉"，终成为历史的尘埃。

当初怎么理解品牌？很简单，就是媒介资源的争夺，我们可以从当年央视广告中心某主任公开发表的一番言论管中窥豹：

"现在实际上很多大的企业，成功的企业，真正把媒介当成了一个战略性的资源，如果这个资源是唯一的，或者这个资源是非常非常重要的，那如果两个对手企业之间，在竞争的时候，就不是一和二的关系了，而是一和零的关系，我有你就没有，你有我就没有，是一和零，和零是质变，一和二是量变，所以这就是掌握战略资源的这样一个重要的意义了。你会注意到，越是竞争比较激烈的行业，这里面大企业，对于战略资源的竞争越激烈，所以很多企业，实际上也已经关注了媒介是企业的战略资源。"

前互联网阶段的中国品牌发展，或者塑造品牌的通常路径，就是大众传播，好比登上山顶向山下高声呐喊，让消费者相信能在传播制高点上播出的产品就一定是最好的产品。但品牌的塑造不仅仅是传播这么简单，在这个过程中大浪淘沙，少数品牌成功突围，并且在后续的发展过程中不断超越自己，成为今天很多行业品牌的中流砥柱，比如美的、TCL、蒙牛、娃哈哈、茅台等，这些企业仍然是后互联网时代与零边界商业时代品牌竞争的主要选手，多数品牌则在这个时代的淘汰赛中被清洗出局。

第二节　互联网时代

描绘我国互联网时代的企业发展演变过程是相对困难的，因为互联网时代的发展并非单单指那些纯互联网企业，也是分析在互联网崛起过程中，在不同阶段与传统产业交汇、碰撞，到最后融合的过程。

人类商业文明的发展史，是以效率和效益变革为主线的。效率是经济价值，效益是社会价值。不管是农耕时代的经济，工业时代的经济，还是今天的互联网经济，这两要素都贯穿始终。

一个企业如果产生不了社会价值，即使短期内能产生经济价值，这样的企业也是不可持久的。在产生效益的同时，效率不断提升，才是企业持续生存的基石。这一围绕商业永恒发展的规律在前互联网阶段就已体现，比如我们前面提到的，在品质需求时代，如果企业所生产的产品品质不达标，那么这个企业是没有社会价值的，最终也面临倒闭。同样，在渠道竞争时代，如果这个企业的流通效率远远低于同行水准，那么也会被时代所淘汰。

站在社会宏观层面观察，五大要素决定了商业运行的效率——人、货、场、信息与资金。其中，人、货、场是物理的概念，信息和资金是虚拟的概念（即使它们以某种实体介质的方式存在，但背后的价值仍然是虚拟的）。每一次划时代的商业进步，都是靠技术推动的，划时代的技术推动，物理要素与虚拟要素发生分散与聚合，有时最大化的聚合效率最高，有时最大化的分散效率最高，我们总是追求最和谐的状态，但永远也找不到那个完美的黄金分割点。

互联网便是一项划时代的技术。互联网发展经历了几个阶段，不同阶段对人、货、场、信息与资金的塑造是不一样的，不同企业在应对互联网技术时所抱有的观念和态度不同，在这过程中应对有效或无效便造成了不同企业的衰落或者崛起。

互联网的发展和演变就像一条连续流动的河，中间无法切断，但其演变又有一定的突发性和不确定性，我们可以将互联网时代的发展概括为图 1.3 所示的三个阶段：

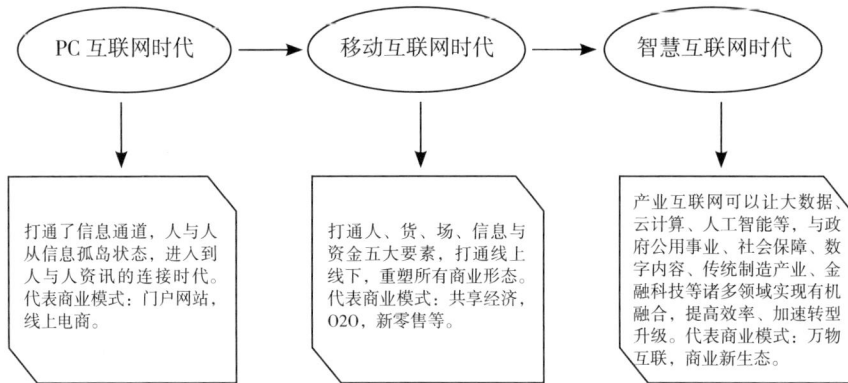

图 1.3　互联网发展的三阶段，PC 互联网时代—移动互联网时代—智慧互联网时代

从我国互联网发展的演变过程来看，清晰可辨的逻辑是：从信息互联网到流通互联网，再到服务互联网、产业互联网、智慧互联网。一方面，互联网的渗透范围在不断扩大；另一方面，互联网的功能也在逐渐深化。

第三节　后互联网与零边界商业时代

"后互联网时代"是一种向前看的姿态

今天，互联网继续朝着产业广度和深度发展，但已进入了另一阶段，如果以互联网与行业融合发展为参照，我们不妨称今天为"后互联网时代"，以表达我们向前看的姿态。

为什么这么说？到目前为止，据工信部的数据，2018年我国4G用户总体已超过10亿，互联网的普及也是按市场层级逐渐下移的，从一、二线城市到三、四线城市再到乡镇及农村，10亿用户的量（13亿人减去不使用手机的老幼，几乎全部覆盖），也就是说全国范围内基本上完成了移动互联网的普及。

我们看到，最近三年，在移动互联网的普及过程中，针对三、四线城市，甚至乡镇市场的智能手机的OPPO、VIVO火了，针对这一市场做内容和视频的趣头条也火了，针对这一市场做购物的拼多多也火了，但这些企业的活跃恰恰说明互联网流量红利的终结，因为4G用户的发展已经到了极限。

一个时代的结束不是戛然而止，一个时代的开始也不是突如其来，而是介于一种灰度的状态，移动互联网红利的式微正预示着后互联网时代的开启。

前文分析了前互联网时代及互联网时代40年营销逻辑的变化，分析这些变化是为了告诉大家，如何更好地去看待未来，因为我们只有把握永恒和变化的规律，才能对未来的判断有据可循。过去每一个阶段的演化，并不是所有人都有先见之明，只是部分人在尝试的时候，有了基本的判断，所以走在了时代前面。前文案例中提到的品质竞争时代的海尔，渠道竞争时代的 TCL、格力，从某种意义上讲，这并不是他们的成功，而是时代要求的必然，假使当初这些企业家不这样做，也一定会有其他的企业在时代面前脱颖而出。

零边界商业时代是智慧互联的逻辑结果

就像当年稀缺市场的消失预示了品质时代的到来，产品同质化的增多预示着渠道竞争时代的到来，渠道竞争的失效预示着品牌时代的到来，而移动互联网红利的封顶，则预示着新的商业模式的到来。这个新的发展阶段便是后互联网时代，最突出的变化则是所有行业发展的底层逻辑发生了变化。

我将这个时代定义为零边界商业时代。

零边界商业时代本身就是互联网深度发展的结果，同时也是产业深度发展的结果。没有互联网与产业的交互发展，就没有本书所界定的零边界商业时代的存在。即使是旧时代商业的发展，都是不断打碎旧有边界，拓展新边界，是一个边界不断扩大的过程。但旧时代的边界是有限的，也只有到了互联网继续深入发展的时代，才有机会从理论上解释今天正在形成、未来范围更加广泛的零边界商业新时代。

第四节 零边界商业时代的三大特质

零边界商业时代不是今天才发生的，是一场互联网和信息技术不断发展，传统产业不断变革竞争，以及消费者长期进化过程中不断深化融合的结果，只是在今天，深度进化的结果产生了属于这个商业时代的明显特质。

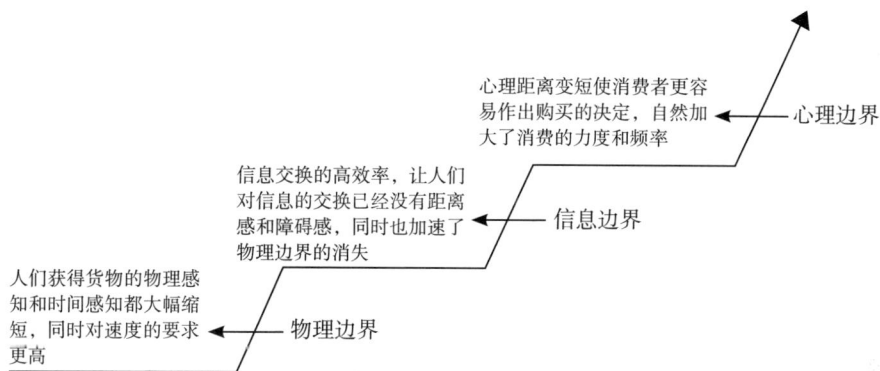

心理距离变短使消费者更容易作出购买的决定，自然加大了消费的力度和频率 ← 心理边界

信息交换的高效率，让人们对信息的交换已经没有距离感和障碍感，同时也加速了物理边界的消失 ← 信息边界

人们获得货物的物理感知和时间感知都大幅缩短，同时对速度的要求更高 ← 物理边界

图 1.4 零边界商业时代的物理边界—信息边界—心理边界的消失

第一大特质是物理边界的消失

这个变化是最直接的、最容易感知的变化，也是零边界商业时代三大特质中最表层的特征，部分物理边界的消失又与后面两个特质的产生息息相关。

比如人的流动。人类最早是用脚步连接世界，从一个部落到另一个部落，所谓的世界，就是另一个部落。后来我们用马车连接世界，从一个村庄到另一个村庄，所谓的世界，就是另一个村庄。蒸汽机的发明，轮船、火车等交通工具先后出现，人的流动速度开始大幅提升，原来遥不可及的距离开始变得容易到达，地球开启了地球村的历程。到当今的飞机、高铁等更快的交通工具成为连接世界的主要工具时，地球已经成为连接在一起的一个星球，国家的边界虽然存在，但已经不是交往的障碍，从物理角度来讲，地球已经变平了。

比如物的流动。物的流动本质上与人无异，物的流动服务于人并受制于人，由于交通工具的进化意味着物流工具的进化，物流的中转速度大幅提升，意味着人们获取货物的物理感知和时间感知都大幅缩短了，与此同时，人们会对速度的要求越来越高。

第二大特质是信息边界的消失

信息边界的打破是互联网崛起的结果。从历史上人与人面对面的信息交换，发展到通过信使的信息交换，大家津津乐道的飞鸽传书，中国古代军事上的用烽火狼烟传递军情，用八百里快马加急传递，都属于信息传递的范畴。但这些传播都受介质本身物理属性的局限，导致信息交换的效率不够高，直到无线电报出现，信息的交换开始发生了质的飞跃，一直发展到今天互联网的信息交换，不仅即时，还能互动，但信息交换效率的进步远远没有停止，在可以想象的万物互联时代，人与人、人与设备、设备与设备的信息交流，都将是无障碍的。高效的信息交换，进一步降低了人与人之间的距离感和障碍感。

第三大特质是心理边界的消失

心理边界的消失是建立在物理边界和信息边界消失的基础上，而消费者心理边界的消失对消费的影响是巨大的。

这可以从我们日常生活中感知，在我们靠双腿丈量世界的时候，农村的赶集是一个很有距离感的活动，每次赶集都有固定的时间，你需要等到开市的时间才能买到想要购买的商品。同样，每次去赶集，都要经过个把小时的步行，来回花费大量时间在路上，这种基础上的消费，每次都是一个郑重的事情，郑重地计划，郑重地选择，郑重地花钱。最近我回老家，原来在我印象中要花一个多小时步行的路，开车只要十分钟就到了，小时候那种距离感突然消失了，觉得好近啊。

再比如大城市的郊游体验，在你没有汽车前，出去郊游是一个大的决定，即使时间充裕也很难下决定去郊外玩耍，但当你拥有汽车后，你的边界范围扩大了，物理距离在你心中变短了，所以郊区游的火爆跟汽车的普及是强相关的关系。因为心理距离变短，人们才会作出经常去游玩的决定，自然加大了旅游消费的力度和频率。

再比如跨境购物的体验，在今天，我们可以足不出户购买到全国、全世界的产品，甚至全世界最新鲜的应季产品也能够在 36 小时内送到家。我们的购物体验中，没有物理界限，同时也没有心理距离感了，正是没有这种距离感，才导致跨境电商的兴起。

第五节　零边界商业时代的五大变化

基于物理的、信息的、心理边界的消失，在商业上又如何体现呢？主要有五大变化体现商业边界的消失。

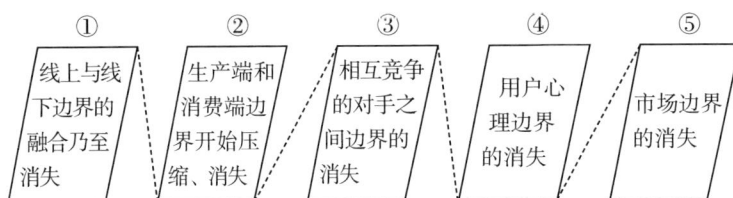

图 1.5　零边界商业时代的五大变化

① 线上与线下边界的融合乃至消失
② 生产端和消费端边界开始压缩、消失
③ 相互竞争的对手之间边界的消失
④ 用户心理边界的消失
⑤ 市场边界的消失

第一大变化是线上与线下边界的融合乃至消失

这个变化已经发生，还在深化阶段。在智能手机、移动互联网出现之前，是属于 PC 端的电商时代，那个时候的电商与线下商业形态相互隔离，形成了线上和线下的界限。线上和线下是有边界的，虽然随着时代的发展此消彼长，但总体来看边界还未完全打通。但是到了今天，随着移动互联网的发展，交通、物流、信息、支付等基础设施的完善和打通，线上和线下之间的边界开始消失了，过去我们谈 O2O，现在 O2O 已成为历史，反而"二马"提出的新零售及智慧零售成了今天大家热议的话题，其实这一话题的底层逻辑便是线上与线下的边界消失。今天，主要产品与用户需求之间的连接变得更加高效，体验也更好，在任何时间、任何地点、任何场景都能够购物，这就是边界消失后效率提升和体验提升的表现。几年前，我在著作《未来商业模式》和公众号文章中提出，当线上线下"体验互补，效率趋同"时，便是线上线下合流时。

第二大变化是生产端和消费端边界开始压缩、消失

这种边界有物理的，也有心理的，更重要的是信息的。过去，我们生产端到消费端有很长距离，不仅有总代、分销、终端的管理距离，物流、仓储、最后一公里上门的物流距离，而且还有厂商与消费者信息沟通的界限，还有消费者与品牌方互相猜疑的心理距离。在这些环节没有打通前，这些距离都是不通畅的。今天，企业可以就产品和服务与消费者直接打交道，而过去的经销商和服务商则成为需要赋能的对象，这意味着前端和后端变得没有边界了。

第三大变化是相互竞争的对手之间边界的消失

过去企业的竞争对手，都是看得见的，无论是品牌厂家还是流通企业，彼此之间的竞争关系一目了然且心知肚明，就像是在一个屋子里面打架一样，彼此都离不开这个屋子，在可以识别的范围内，只要比对手厉害一点就算赢了。但是今天，墙壁消失了，屋子没有了，彼此发现到处都是竞争对手，但又不确定谁是真正的对手，过去是区域性的竞争者，现在发现是全国性的，过去是同行，现在发现是外行，也就是说在今天这种边界消失的情况下，对手变得无影无踪又无处不在。

第四大变化是用户心理边界的消失

在信息没打通之前，企业可以在相对集中的物理边界内找到目标用户，

但在今天，我们无法用这种有界限的思维方式找到精准用户。随着信息边界的消失，这些互联网用户看似无处可寻，但同时又无处不在。在这种情况下又如何寻找用户呢，我在本书第九章中用重建"场"的理论做了分析。

第五大变化是市场边界的消失

我们曾经有很多区隔市场的做法，而这个区域市场是有很多限制条件的。比如国与国的市场，过去，国与国之间有很多的边界，地缘上的边界，文化价值观上的边界，信息沟通上的边界，政策管控的边界，但是在今天，随着互联网在全世界的普及以及信息和人员的流通，全球化的市场仍旧处于逐渐扩大的大趋势中。虽然在今天有贸易保护主义抬头的趋势，但贸易战的结果并非是"老死不相往来"，反而会随着技术及信息的进一步发展而加快，未来的边界会变得更加扁平，门槛会变得更低，门槛更低就意味着边界的消失。

虽然今天的市场还有很多限制和区隔，零边界的状态也非一蹴而就，但未来商业的各种边界都在不断被打破，人与人的连接，人与物的连接，物与物的连接会变得越来越快，人们预期中的智慧型社会，万物互联时代已经不是遥远的梦想。

但是我们不要忘记，在边界消失的同时，新的边界又在酝酿的过程中。

第二章

模式变革：商业新动力

导言　商业之美

　　商业模式可以说是整个商业系统"皇冠上的明珠",诸多看似不相关的商业要素在企业家的创新力驱动下,合体成为企业这样一个有生命力的组织体。

　　看看那些在不同时代绽放光芒的伟大企业,比如开启流水线大规模生产汽车时代的福特;开启大型超市连锁时代的沃尔玛;从图书电商进化为今天综合电商的亚马逊;业务包括互联网搜索、云计算、广告技术的谷歌;开启智能手机、移动互联网时代的苹果;成立于1865年,以伐木、造纸为主业,逐步向胶鞋、轮胎、电缆等领域扩展,后发展成为一代手机霸主,今天成为行业顶尖的通信基础设备供应商的诺基亚;50多年从未亏损,一直领先的日本京瓷;中国的华为、阿里巴巴、腾讯、小米等等,他们从零开始所创造的伟大奇迹,根植于时代,影响了时代,一路走来、一路迭代,充满了商业之美。

　　那么,什么是商业模式?每一个企业如何定义自己的商业模式?今天商业模式背后的底层逻辑到底又发生了什么变化?商业模式应该如何领先于时代迭代呢?

第一节　商业模式是什么

对于商业模式，学院派有很多严谨的说法，每一位实业家也有不同的思考和实践，那么，如何定义商业模式，才能让这一定义穿越时空隧道，适应每一个时代的商业发展呢？

我将商业模式定义为产品或者服务与用户的关系，不同的关系便是不同的商业模式，并且二者关系一旦建立，便互为驱动力。

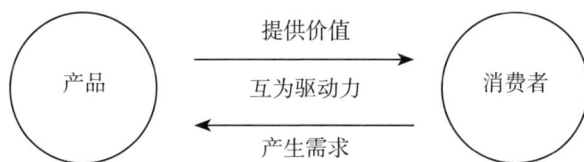

图 2.1　商业模式示意简图

根据我对商业模式的新定义，这两个要素是对立与统一的，是动态变化的，一方面可以将产品（服务）放在发起端考虑，企业主动为消费者创造有价值的产品（服务），产品（服务）被用户认同接受并购买，引领未来消费，企业产生持续盈利，持续改进并持续推出产品，不断满足用户的需求；另一方面也可以将消费者放在发起端，消费者本身对某一类产品（服务）有需求，而企业发现这种需求，并创造产品（服务）满足这种需求。根据这种逻辑，我们看商业模式中大家最常提及的两种模式——B2C 或 C2B，作为商业动力源，B 与 C 是可以互相转化的，不是一方重要另一方不重要，也不是一方主动另一方被动，而是一种动态的主客互换的关系，真正的商业模式，就是那个"2"，就是关系。

我们把商业模式定义为一种动态的、变化的关系，回过头看过去的商业模式，会发现过去很多企业的商业模式是建立在有限的边界内的，强调了企业在某一领域的专业性和封闭式的能力，但是在零边界的新时代，这种专业能力所形成的竞争壁垒突然被打破了，所以如果用过去的思考方式来界定现在和未来，就难以理解今天和未来的商业模式。

第二节　如何重新定义商业模式

第一章我们分析了整体商业趋势的变革，未来企业的生存、发展和竞争，必然是从边界时代进入到零边界时代，这是底层逻辑的变化。对于未来的商业模式而言，也必然是建立在这一变化的底层逻辑之上。

在前互联网时代，商业模式的底层逻辑是边界时代的工业逻辑，我们看到的更多是持续多年的线性增长，产品是规模化的，渠道是相对可控的，竞争对手也是看得见的，所以预期的增长也能看到。但后来随着互联网及移动互联网时代的到来，我们发现很多趋势和变化是非连续性的、无法预测的，增长预期也无法确定，有的企业发展毫无征兆迅速长大，也有的企业几乎毫无征兆突然死亡，未来的不确定性大幅增加，在巨大的不确定性下，我们如何重新定义商业模式？

动态地看，评价一个商业模式的好与坏、正确与错误，与所处的时代有关，在重新定义新时代背景下的商业模式时，需要理解以下三个方面的变化：

一是整体的市场底层逻辑变了，企业的经营逻辑也要随之发生变化

移动互联网以及未来的万物互联，人与人、人与物、物与物的连接，商业从边界时代走向零边界竞争与发展的新时代，所有商业模式都将被重构。就像房子建在地基上，轮船航行在水上，飞艇飞在空中。承载不同物体的基础不同，物体的形态便会大不一样，我们不能用造船的逻辑来造房子。即使是建筑，也会因为是建立在不同地基上，采用不同的材料和不同施工技术，其形态和功能也大不一样。人类最早居住的空间是建立在岩洞这样封闭的空间里面，这个岩洞可以遮风挡雨，也可以防范野兽攻击。后来人类能够建造房屋，架构是以木头或土坯来支撑，屋顶用木头和茅草来覆盖，建立的地基也不需要深挖，坚硬的平地即可。再后来，随着砖头混凝土及钢筋的出现，人类可以建筑更牢固也更高的建筑，地基就要向下延伸。今天的商业，正是地基发生了变化，是不同于过去的商业地基，为了适应新的地基，商业模式也应该发生质的变化。

我们如何探究底层逻辑？不同的文化在这个思路上展现出了不同的面向，但都表达着同样的意思。

"卡巴拉"是犹太教的神秘哲学，传说它最原始的根源来自于埃及文化。神从无中创造世界的方式。卡巴拉学者使用生命之树作为创世的示意图，从而将创世这个概念发展成为一个完全的现实模型。人们相信卡巴拉生命之树相当于《创世记》中提及的生命之树。卡巴拉思想的研究据说能够看到"宇宙神秘的因果关系"。

世界原本或许就是棵结构树。主干生枝权，枝权分枝条，枝条抽芽长叶开花结果，正是从简单到复杂，从本质到现象的过程。这与老子《道德经》中"一生二，二生三，三生万物"都是共通的。

主干类于本质，越靠近主干的枝干，就越是本源的规律和法则，其实也就是相当于更底层的逻辑。

对底层逻辑的认知到底能给我们带来什么？它让我们洞悉事物本质，给我们的行为提出正确的导向，纠偏我们的认知，使我们对未来有清晰正确的判断。

商业必须靠建筑最深最基础的底层逻辑，才有可能在商业系统里开枝散叶。腾讯早期的底层逻辑就是"连接"，人与人、人与物、物与物，以及世界。根据"连接"的底层逻辑为思考核心，所有的商业基石都建构在这个逻辑之上，这就像人的心脏与各个器官和全身的血脉一样，只有底层的清晰坚实，才能有通达、清晰的供血网络。

那么底层逻辑是不是一开始就是十分明确的呢？绝大多数的公司都是不断地在商业的摸爬滚打中逐渐明确自己的底层逻辑的。比如罗辑思维，最开始他们从"脚踩西瓜皮，滑到哪里算哪里"逐渐过渡到"和你一起终身学习"，这是一个历经数年的漫长过程。最开始知识分享自己的读书见解，累积粉丝，然后用社群思维进入电商领域，走过了投资 papi 酱之类的弯路过后，他们认清自己的本质其实是"知识内容分享"，最终把自己定位在知识服务商这一底层逻辑之上。

毛泽东在指挥中国共产党战斗的时候，很多人都去分析，有分析武器装备的，有分析国际形势的，有分析人员部队的，有分析信仰思想的。当然，这些都是极其重要的原因，但底层逻辑不是这些，而是"得民心者得天下"。所以毛泽东制定的路线都是群众路线，所有大家分析的内容都在底层逻辑基础上作为执行路径而优化。底层逻辑就是在解决问题上都围绕在此，核心是不变的，变的是方法，是路径。

再比如：巴菲特的投资策略，是个很常见的底层逻辑，就是"长期持有好公司"，但很多人都做不到，或者会在此提出疑义。说对公司企业的研究啊、对未来发展的判断啊、对公司人事的分析啊等等，都是逻辑啊。实际上这个问题一点也不复杂，一个不变的核心就是底层逻辑，而可变的都是路径。无论公司怎么去选择、去分析、去判断，最后落到实处的都是"长期持有好公司"。

二是构成商业模式的关系要素变了

有些要素增强或减弱，或者是去掉了旧要素，加入了新要素，或者是中间要素被延长或缩短，或者去中间化的同时又被再中间化。比如我们衣食住行中的吃饭问题，以前要去餐馆现场才能点菜吃饭，但今天，我们通过外卖，就可以吃到不同餐馆的不同食品，甚至包括原来不可想象的火锅，现在都可以直送到家，食材、器具、服务一应俱全，你只负责吃就可以。原来我们必须到餐馆的路径，被快递员替代了，被各种服务替代了，这就产生了新的商业模式。

当商业要素发生巨大变化，企业要么构建具备未来巨大价值的商业生态，要么加入这个生态，作出自己的贡献。现在一线企业都是生态系统，国外的苹果、Google，国内的阿里、腾讯、小米。一线企业打造生态，更多的企业可以加入生态。

互联网技术带来的生态变化也提升了整个产业的供给效率。比如天猫的家居频道，商业模式设计主要面对的并非是消费者，而是各种厂商、渠道商、设计师、装修公司，阿里巴巴承担底层的金融、物流、信息、系统等职能，着眼的是整个产业的供给效率。这样双方的对接价值在于减少中间环节，提高供给侧的效率。

三是商业的驱动力来源发生了变化

以前商业的驱动方向更多的是从商品或者服务方出发，也就是大家通常认为的从 B 端开始，商业的发展，企业是作为驱动方的，相当于动力源。用户方通常是接受方，无法直接反馈自己的需求，或者反馈自己的真实需求成本很高，而企业，也通常无法接受大面积的用户反馈，无法洞察用户内心的需求，潜在的需求，这种需求甚至是用户都没发觉的。所以才会有人说，用户根本不知道自己需要什么，除非你把它摆在面前。但由于互联网将商业很多要素连接起来，通过大数据洞察用户，企业会发现用户自己都发现不了的潜在需求。

网络上有个著名的段子：往后余生，最懂你的人，是税务。

因为税务局要求每个人所填的资料极其详尽，每个人的身份证号码成为唯一标记，而且可以同身边有紧密经济往来的个人和机构关联起来。

税务局关心你的房租是多少钱，关心你有几个娃，关心你赡养几个老人，关心你的健康状况，关心你的继续教育，顺便关心你的贷款。

你有多少财产，以什么形式存在，收益怎样；有多少收入，收入构成怎样；有哪些支出，支出分布怎样；有哪些困难，是长期的还是暂时的，日子过得好不好，需要负担几个老人，几个孩子，负担是否沉重；是否一直在继续深造，是否一直在变动工作。

税务局将了解你的每一笔收入，每一笔支出，了解你的个人资产和收支流水。

以后，二维码的电子发票随用随开，更多的是个人提供，就是提供服务收取费用的那个人，都能开电子发票。

二维码替代纸质发票和大数据网络系统将彻底改变税务系统，在税务系统中，每个人都将成为透明人，任何隐瞒都将会因为他人的申报或财产数额无法匹配而暴露无遗。

正如这个段子所隐含的意思，今天，B 端更懂 C 端，比用户还理解用户自己，所以 B 端能做出使 C 端更满意的产品，提供更满意的服务；换个角度说，另一个层面的意思，用户潜藏的需求意识，不仅是影响了 B 端，更主宰了 B 端。就像古人庄周梦蝶，他是梦见变成了蝴蝶还是蝴蝶梦见变成了他呢？是企业主宰了用户还是用户主宰了企业呢？在今天这个时代已经很难界定了。

导致驱动力方向开始从 C 端影响 B 端，并形成商业创新的新驱动力，这在以前的时代是很难想象的。

用户成了商业模式的核心，他们的力量不可忽视，在互联网时代用户的力量日益增强，企业与用户的互动就要更加频繁和深入。未来我们将进入新制造时代，我们需要把用户的思想融入到产品中。企业的创新能力就取决于如何能对客户有更深的理解，包括日常事务，用户关心的焦点和愿望等等。

这三个改变是根本性的改变，如果企业无法预测和理解这三个改变，就无法转变自己的商业模式。

第三节　从确定性开始：
商业模式变革的三大硬驱动力

我们将商业模式定义为产品（服务）与用户的关系，在此基础上我们进行要素拆分，会发现，任何商业模式中都有两个基本要素和一个关系，一个基本要素是产品（服务），另一个基本要素是消费者，一个关系则是产品（服务）与消费者的关系。如何将两个要素和一个关系连接起来，促使价值实现，这就是企业最基本的经营逻辑，也就是最基本的商业模式。

围绕商业模式的构成要素，我们如何洞察三个要素的变化？哪些要素是驱动商业变革的基本动力？又如何根据基本动力洞察未来商业变革的趋势与轨迹，从而调整自己的商业模式以便适应新的发展？根据我对商业模式的研究和实践，三个要素构成了商业模式进化的硬驱动力，硬驱动力的意思，就是三种要素中任何一种要素的变化，都会促使商业模式发生变化，企业必须主动去适应或者引领这种变化。

企业家硬驱动力

我在《未来商业模式》一书中说过，也常在很多场合讲，企业家是最大的商业模式。这似乎是一个不准确的表述，但我用这种方式表达了企业家在企业中无可比拟的重要性。著名政治经济学家熊彼特在 1912 年出版的经典著作《经济发展理论》一书中指出，企业家就是"经济发展的带头人"，也是能够"实现生产要素的重新组合"的创新者。熊彼特将企业家视为创新的主体，其作用在于创造性地破坏市场的均衡（他称之为"创造性破坏"）。他认为，动态失衡是健康经济的"常态"（而非古典经济学家所主张的均衡和资源的最佳配置），而企业家正是这一创新过程的组织者和始作俑者。通过创造性地打破市场均衡，才会出现企业家获取超额利润的机会。

熊彼特首次突出企业家的创新性，但是他认定企业家是一种很不稳定的状态。他认为，一个人由于"实现新的组合"而成为企业家，"而当他一旦建立起企业，并像其他人一样开始经营这个企业时，这一特征就马上消失"。因此，企业家是一种稍纵即逝的状态。按照他的定义，一个人在他几十年的活动生涯中不可能总是企业家，除非他不断"实现新的组合"，即不断创新。简言之，创新是判断企业家的唯一标准。

试想没有乔布斯怎会有划时代的苹果，没有马云怎会有阿里巴巴，没有任正非怎会有华为，没有马斯克怎会有特斯拉，没有雷军怎会有小米等等，所以强调企业家是最重要的商业模式，是商业模式的第一推动力一点儿也不为过，而没有创新的企业家也无法持续成为企业家，因为没有持续创新的企业一定会被创新的企业干掉。

企业家的持续进化就是企业成长的关键。

用户硬驱动力

没有企业不重视用户，是用户的需求成就了企业，但杀死企业的，通常又是用户。

用户的消费心理就像一只"黑匣子"，企业总是无法洞见里面的变化，但又无时无刻不被"黑匣子"牵引着。用户是商业变革的硬驱动力，企业目标用户消费趋势的变化左右了企业的生存与死亡。

虽然今天的认知心理学、消费心理学在不断推进对用户的研究，也取得了很多研究成果，但离洞察还有很远的距离。在我们还无法完全打开黑匣子的情况下，我们有什么办法去研究了解用户？

第一是刚需维度，刚需也可以区分为身体刚需和心理刚需。虽然消费者需求无法从准确性上做到体认和把握，但消费者需求的演化趋势却是可以根据以往发展逻辑判断的。人类对物质追求的历史，从长期来看呈现出一个线性的发展，无非是要求"更快、更好、更便宜"。所以不管什么样的产品（服务），如果我们能着重从这三方面去思考，那就是确定性的需求，也可以称之为硬需求。

先来看"更快"这一演化趋势。以人类的交通工具来看，人类刚开始的时候是步行，后来有了马车、自行车，再后来有了汽车、火车，再往后，有了飞机、高铁等交通工具。这些工具演化的背后逻辑就是更快，所以人类对"更快"的要求就是一种刚性的硬需求，产品（服务）如果能够在这一趋势领先，就具备了先发优势，比如在电信上 5G 比 4G 更快，在服装行业中，以快时尚为代表的 ZARA 比传统服装品牌在样式更新上更有优势。

再来看"更好"这一演化趋势。消费者对更好的产品（服务）追求是永无止境的，我们常说产品有生命周期，实质上来源于消费者需求的生命周期。更好的产品在功能和体验价值上替代了旧的产品，消费者当然趋之若鹜。

最后我们看"更便宜"，对同样一个产品，消费者当然追求更便宜。这儿的"更便宜"是相对的，从物价的角度来讲，产品的价格是越来越贵的，这也是一个硬趋势，背后体现了经济的通货膨胀。但从物价和收入的角度比，在更好更快的基础上，谁能做到"更便宜"，则是商业模式成功的重要基础。

总体来看，企业一方面通过洞察用户当前需求，来提供产品（服务），另一方面也可以根据消费者需求的演化趋势来引导用户的需求。亨利·福特曾说，"人们并不知道想要什么，直到你把它摆在面前"，也就是说企业可以牵引和塑造用户需求，在把握产品（服务）方面，如果企业能够做到更快、更好、更便宜，已经在牵引和创造需求了，比如说手机支付方式的诞生，过去人们并没有手机支付的习惯，而现在基本上每个人都习惯了手机支付，背后的逻辑就是更方便、更高效。

第二是时代维度。每一个时代，我们感觉用户都是千差万别的，但拉大一点时间尺度，我们发现每一个时代，在个人需求有差异的背后，却有着某种程度的"共需"，也就是所谓的流行。如果不存在某种共同的倾向，也就不会有流行，在今天我们认为个性化风行的时代，为什么还有大量的流行？所以企业在每个时代无法洞察个体用户内心的黑匣子时，不妨拉开时间尺度，洞察一群人的"共需"倾向。

第三是群体维度。不管多么个性化的用户需求，乘以庞大的中国人口基数，背后都是天文数字般的用户人群。因为就某一类需求表面上看每个用户追求的是个性化，但当众多的个性化表现出足够规模的同样倾向时，这些消费倾向一致的用户，会成为企业新的群体消费者。

第四是区域维度。说到这个维度，就不得不提软银集团，也就是投资阿里发大财的孙正义的"时光机"理论，他的意思是美国、日本、中国这些国家，他们在IT行业的发展阶段是不同的。当在中国、日本、印度这些国家的IT发展还不发达时，可以先在美国开展业务，获得发达区域的红利，然后再去不发达的中国、日本、印度等潜力市场布局，就如同坐上了时间机器旅行，在不同发达程度的区域，都能获得当地IT发展的红利，虽然是不同的市场，因为时间差的原因，就像回到几年前的美国。

1996年，孙正义投资1亿美元给雅虎，后来仅是抛售了5%的股份，就赚了4.5亿美元。

后来孙正义回到日本，成立雅虎日本，软银控股51%，很快又成为日本最大的搜索引擎和门户网站。再后来的故事大家都知道了，投资阿里巴巴，赚了上千亿美元，短短十几年，投资回报5000倍！

第五是大数据洞察。今天互联网大数据技术的运用，可以让我们通过消费者在网络上的行踪来洞察消费者心理，通过大量用户的潜意识点击行为，我们能分辨出用户到底需要什么。虽然数据多数是反映当下消费群体的需求，不能预知消费者心理的变化，但起码通过数据，能够更接近了解用户的消费需求及心理了。

技术硬驱动力

在今天，没有技术驱动的商业模式是难以想象的。比如古代集市贸易这样的商业形态，在没有技术驱动前，这种业态实际上已存在了几千年的时间。虽然说传统的集市业态，从百货到超市，到大型购物商场，业态发生了很大的变化，但在本质上对现实空间中地段和人流的要求并没有发生质的变化，只有到了互联网信息化技术的驱动之后，才出现像电商这样一种有别于过去集中在实体空间的商业形态。

今天，技术对整个产业的驱动是全方位的。

第一是新技术直接带来新产品，新产品形成了新的市场。比如苹果手机的出现，直接带动智能手机的井喷，应用商城的形成，移动互联网的开启等。

第二是技术大幅提升了产业效率，特别是信息技术、互联网技术。因为互联网，形成了线上电商，形成了线上全网用户和全国市场，这是原来区隔的线下市场做不到的。面对天量的用户和商家，如果还停留在原来的商业模式，无法辐射足够大的市场，只有在互联网时代，利用大数据，人工智能，才能处理这些天量数据。

第三是技术也在引领新的商业创新。今天人工智能市场的出现，万物互联的渐次推进，这些市场的形成，都不是孤立的一片树林，而是会形成庞大的商业生态系统。比如说今天的物流系统，用信息技术手段，我们可以根据需求的分布来进行仓储的合理布局，而且还可以追踪到产品到了什么地方，这样就会产生新的统仓统配的方式。

比如服装行业，如果站在行业的高度审视服装的变化，将会发现更多的创新机遇。互联网时代，服装行业正在由传统的价值链往价值网方向转变，"互联网+"之下，当数据产生是全方位、实时、海量的时候，企业间的协作就必须像互联网一样，要求网状、并发、实时的协同。其特征的变化包括运营数据化、渠道扁平化、信息共享化以及协同网络化。

产业互联网时代的来临，将会诞生更多的行业平台，云衣定制便是其中的先行者。博克科技在多年服装数字化研究推广的基础上，积累了大量的行业资源，通过撌供在线的服装智能 CAD 系统和在线样版，吸引大量的服装企业和版师，进而吸引面料商加入平台，形成强大的供应链平台。另外，通过与线下门店的合作，线下服务线上下单，平台依据工厂的性质和专长进行订单分发，工厂端定制 CAD 系统经过与云衣平台的无缝对接，可以实现两秒钟自动读取数据，自动生成用户样版，实现了从数据采集、网络下单，到智能版型设计和柔性化生产的全链条数据互通，走在了行业的最前端。

第四是技术也在大幅提升用户体验。今天的人脸识别、人机互动、智能推送、智能家居等，都在提升线上线下的用户体验。

未来的时代一定是技术和商业模式深度融合的时代，没有技术驱动的商业模式是不能持久的，不可想象的，是行不通的，所以对商业模式的研究，技术是我们永远要考虑的一种硬趋势。

第四节　分析创新企业未来商业模式变革的三大方法论

上医治未病，在行业快速发展的今天，我们及时应对变化的策略已不能适应当下行业的更快速迭代，我们必须具备洞察行业未来的预见力，我也一直在协助很多企业家建立这种预见力，希望企业家都能具备未来企业家这种必备的能力。

什么是领先的商业模式？

从时间的维度讲，所谓领先，就是在消费者需求发生显著变化之前，企业便预测到了未来的变化，提前做好了准备，主动迎接变化的到来。所以，比市场变化更早做出反应的商业模式便是领先的商业模式。比如定制家居的风格，从北欧风到新中式，对消费者色彩和风格的洞察，就是属于这一种。如果没有猜中用户审美的变化，有可能就失去一代用户，这也是很多企业曾经辉煌一时，但突然就失去了用户，企业也陷入破产境地的原因。

从创新的维度来讲，就是企业作为创新主体，通过新技术实现新产品，引领了消费者的需求，比如乔布斯发明了智能手机，手机应用软件商城，开启了移动互联网时代。

如何预测未来商业的变化，除了上一节分析的三大硬驱动力之外，我们还需要什么样的思维模式才能应时而变？我想还需要几个主要的思考维度，来确保对商业趋势的把握。

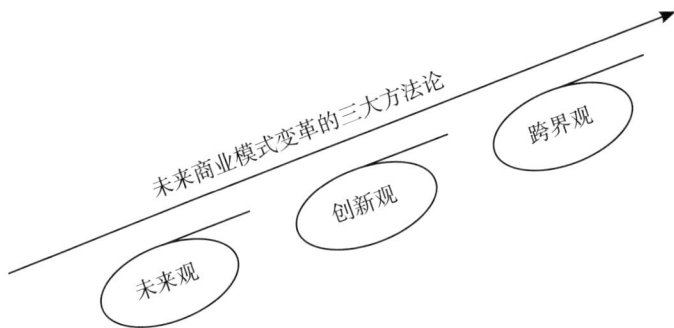

图 2.2　未来商业模式变革的三大方法论

第一是未来观，快节奏与慢认知

很多人感叹今天的社会变化节奏太快，还没对未来做准备，未来就已到来。比尔·盖茨曾说，人们总是高估未来两年之后的变化，却低估了未来十年之后的变化。随着技术进步指数级的增长，未来变化确实有着越来越快的趋势，我们对未来一到两年的变化刚做好准备，转眼间却发现风口已过，新的变化又悄然而至。

未来很重要，又难以把握。身处这样的时代，上至企业下至个人，确实容易陷入对未来的恐慌和焦虑中。

对企业来说，当变化来临的时候，往往无法应对，过去我们讲"运筹帷幄之中，决胜千里之外"，是空间的概念，今天我们必须要具备时间上的概念，具有未来观，能提前三到五年甚至十年预知趋势的变化。我们现在必须将视线升到万米高空，俯瞰五到十年后的行业态势，再回到地面，才能确定当下的每一步该怎么干。就像马云曾说，阿里巴巴发展到今天，只是十五年前战略判断的结果，而不是等到商业世界真正发生变化之后才去布局。

站在现实角度看，我们当下的商业模式既不是无缘无故凭空而起的空中楼阁，也不是纯粹基于过去的自然延伸。我们既要对过去分析总结，也要着眼于未来。

比如，未来五年，家居家装行业会发生哪些变化？以现在为起点，今天的"90后"已经"奔三"，他们已经成为整个房产家居的消费主力。我们难以准确判断这个群体在消费观上与"70后""80后"有哪些具体差异，但有一点趋势却可以成为硬趋势之一，那就是房地产经过二十多年的发展，当"90后"甚至"00后"成为社会消费主力时，房子将不会再是稀缺品，可以预见由于父母及祖父母两代的传承，他们至少会拥有一套甚至多套房产。这样的群体就和当下"70后""80后"所形成的"房奴""车奴"这样的群体不同，他们在消费能力上要比"70后""80后"强很多。所以，对于家居家装行业来说，未来不是考虑客单价降低的问题，而是考虑家居装修品质能否提高的问题。

用未来的观点来判断今天的发展，也要用未来的观点去思考商业模式如何演变，如果能做到对未来有所观察，让未来观成为我们思考创新的一个维度，那我们便会建立起基于未来的思考框架，也会建立起基于未来的企业商业模型。

第二是创新观，微创新与颠覆式创新的悖论

创新涵盖范围极广，是一个范畴极大的概念。从程度上讲，有基于过去和现实的微创新，也有完全颠覆过去和现实的颠覆式创新。

关于颠覆式创新，著名管理学家克莱顿·克里斯坦森在最为出名的得奖作品《创新者的窘境》中做了非常精妙的表述。在作者的笔下，科技创新不再是可有可无的点缀，而是生存的必需，很多公司可以通过创新获得巨大的利润，本田的 Super Cub 摩托车及英特尔的 8088 处理器就是两个绝好的例子，它们改写了竞争的规律。这两家公司推出产品时没有宏大的商业计划，它们从市场的底层打入后，逐步扩展，最终在市场高端将对手

挤走。克里斯坦森称这些产品为颠覆性技术（disruptive technology，或译作"破坏性技术"）。相反，一些受人尊崇的企业因为没有把握住市场与破坏性技术的时机，最终丧失了行业中的领先地位，对于这一现象，克里斯坦森在 2003 年的后继之作《创新者的解答》（*The Innovator's Solution: Creating and Sustaining Successful Growth*）中给出了一个看似悖谬，实则合理的结论，那就是良好的管理导致了这些企业的颓败，往日的成绩成了创新的绊脚石。

克里斯坦森的理论透露了一个明白无误的信息：不创新，必然灭亡。当然，事实并不如此简单，创新是很微妙的。克里斯坦森特别强调，很多大公司都发现，真正的创新不仅极具挑战性，而且充满艰辛。创新完全不同于改良，但是，很多公司对原有的系统结构已有大笔的投入，极难彻底割舍，于是他们一边口口声声说要创新，一边却极力回避对原有稳定性的任何威胁，这种心态使得很多公司对创新可能带来的机会和利润都视而不见。

克里斯坦森是"颠覆性技术（破坏性技术）"这一理论的首创者（该理论首次发表于《哈佛商业评论》），他因此获得了"颠覆大师"的美誉，他的创新理论给企业界带来了一轮强力冲击波，微软公司掌门人比尔·盖茨曾经说："自从克里斯坦森提出破坏性理论后，出现在我桌上的每一份提案都自称是破坏性的。"克里斯坦森的破坏性技术理论也受到了英特尔及思科等高新科技公司管理层的追捧。破坏性技术的本质在于以更便宜、更简便的技术取代主流技术，同时，应该将之"视为市场营销挑战，而非技术挑战"。

克里斯坦森在研究中发现，许多优秀的企业——曾经被人们崇拜并竭力效仿——最终却在市场和技术发生破坏性变化时，丧失了行业领先地位。而导致这些领先企业衰败的决策，都是在它们被普遍视为世界上最好的企业的时候做出的（如：诺基亚手机业务、摩托罗拉手机业务、20 世纪 80 年代末的 IBM、硬盘的领先企业等）。

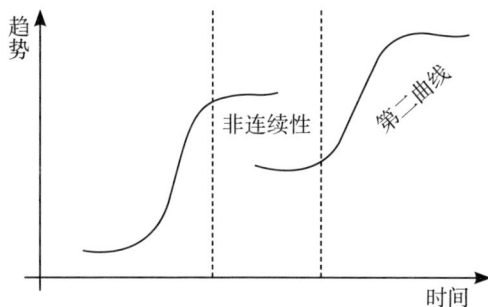

图 2.3　克里斯坦森：创新的第二曲线

克里斯坦森指出，良好的管理是导致这些企业衰败的原因。这一结论出人意料，但却非常合理。这些企业被主流客户的意志所左右，且绝大多数利润来源于主流客户，所以，主流客户会误导管理者；而勇于投资延续性的新技术，用这些技术向其顾客提供更多他们所想要的那种更好的产品；它们认真研究市场的趋势，系统地将资本投向那些可以保证最佳回报的创新上面。在这样的原则下，积极投资于破坏性创新不是这些企业的理智的财务决策，所以绩优企业反而难以应对破坏性创新。

颠覆式创新既可以是技术的，也可以是模式的，汽车对马车，就是颠覆式技术创新，免费对收费，就是模式的创新。而腾讯的项目赛马机制，就是保障颠覆式创新的实现，也正因为如此，微信才能脱颖而出。

还有就是微创新，也可以叫改良。微创新在企业中大量存在，也是很多企业脱颖而出的法宝。日本曾经是微创新的代表性国家，许多产品在日本得到了改良，大量微创新的运用，是日本产品竞争力得以在全世界风行的原因。但微创新的红利久了，会难以产生颠覆性创新，在具有革命性的颠覆性创新技术和模式面前，微创新显然不具备足够的竞争力，所以很多微创新的企业，最终败于颠覆式创新企业的出现。

克里斯坦森提出了一套破坏性创新的原则，主要内容是：

创建一个围绕破坏性技术的新的独立机构，确保其得到有效资源支持，不与其他主流业务竞争资源，不受主流客户的左右，而把自己匹配到那些需要破坏性创新产品的客户中。

把实现破坏性技术商业化的责任，下放给规模恰好与目标市场相匹配的一个小规模机构，从而更容易对小型市场上出现的成长机会做出反应。

既定的思维模式和已有的知识不足以支持对破坏性变化进行判断，因此，将战略计划理解为实施计划或学习计划，显然，前者可能会导致失败，而后者可能会让领先企业幸免于难。

流程与价值观：企业现有的流程、价值观是符合当前主流产品的，也与主流客户匹配，但不能与破坏性技术相匹配，所以，期待快速改变现有的流程、价值观，来应对破坏性技术，与新兴企业竞争是不现实的。巨大的惯性导致成熟企业难逃失败的宿命。所以，应持续分析组织现有的潜能和缺陷，并创造一种新的潜能来解决新的问题。

密切关注市场趋势，了解主流客户如何使用产品，才能在所服务的市场上抓住竞争基础变动的关键环节。

微创新与颠覆式创新在同一个系统内有时就是一对不可调和的矛盾，成为那些具备一定规模的大型企业无法进行自我颠覆的根本原因。很多企业为了消除错失边缘性创新的机会，通常情况下都会采取鼓励创新的姿态，但在组织架构上，却另外构造一个体系，专门进行颠覆性创新的试验。比如说微信的诞生，在微信诞生之前，腾讯有好几支团队在做同样的产品。比如说手 Q，但手 Q 是基于 QQ 这样一个形态，把它进行手机端移动互联网化，手 Q 虽然很多人也在用，但它最终没有像微信这样成为大众化的超级产品。而另外一个团队就是张小龙带领团队来开发微信，微信在腾讯另起炉灶的团队中得以发展壮大，得益于腾讯具备将边缘性创新迅速扩展为公司的主流产品，也是这样一个边缘创新，让腾讯拿到了所谓移动互联网的"第一张门票"。

很多企业看似创新的动力很大，但却容易败在边缘性创新上。我们通常将柯达相机当成营销案例中的一个笑话，当年柯达发明了数码相机，但却安于原来庞大的胶卷业务，不敢轻易用数码相机去颠覆原来的胶卷相机，直到后来数码相机颠覆了胶卷的主流产品，柯达也随之没落了。到后来，数码相机又被手机的照相功能所颠覆，导致今天除了特别专业领域的相机外，没有人还用普通的数码相机，也没有哪家相机企业能够在大众市场存活，因为相机本身已不再是个大众产品。

所以，企业创新，一方面依赖于其核心竞争力和核心专长，另一方面依赖于能否在新的环境中做出新的价值发明。这种价值发明不仅仅需要企业具备领先思维，也考验企业在选择和放弃之际的战略定力与战略选择。

第三是跨界观，实践、思想、模型与方法论

跨界既是一种实践，也是一种思想；既是一种模型，也可以是非常实用的方法论。

在移动互联网出现之前，跨界其实是有很多禁忌，我们强调了专业，不要跨出自己的能力圈，这话没错误，也被实践验证。但移动互联网时代，许多互联网企业、互联网人才开始进入很多传统行业，并且取得了成功，比如最出名的跨界者雷军，做软件的跨界做了手机，成了全球成长最快的公司之一。最近最火的跨界公司——瑞幸咖啡，做租车的人跨界做咖啡开店，一年时间就开了2000多家店，两年时间6000多家店，两年时间成为估值20亿美元的公司。

为什么原来很难跨界的行业，突然在移动互联网时代变得很容易？

这就是因为移动互联网带来的用户边界、心理边界、技术边界消失所造成的结果。就是当边界消失后，很多原来不属于本行业的其他企业或团队，一下子进入该行业，进行价值链重塑，用更先进的技术或商业模式颠覆原有行业。

所以，跨界的基础，就是因为科技的发展所导致的三种边界的消失与融合，改变了用户、价值链、资源配置的方式等。

而跨界的实践，通常都是高能企业与高能人才，通过行业间不同的阶段与规模，造成了能量的差异，赋予低能的行业，让低能的行业重新焕发生机。雷军进入手机领域，就是运用互联网思维，重新赋予传统行业新的模式，新的价值，经过高能企业与人才的赋能，传统行业与高能企业与思想的结合，产生了新的商业模式，新的物种。雷军以小米手机为核心的生态系统，这一生态系统连接了上百家不同行业的新型企业，所以雷军不仅跨界进入手机硬件，还跨界了很多产品门类，他能做到这一点，都基于互联网所带来的三界消失。当然，对于跨界要看自身的能力和资源，用什么方式去跨，跨的范围又如何界定，不是所有的跨界都能成功。

还有一种跨界观，是原来产品线很窄的企业，不断扩充新的品类，向新的领域去延伸。这类似于过去我们谈的企业多元化。在传统的观念中，多元化对企业来说是一个非常慎重的战略决定，因为我们一直强调专业化，专业的企业做专业的事，一般情况下，没有足够的专业能力和其他资源，很难去轻易跨界。但是在今天这样一个互联网时代，跨界变得相对容易了，因为很多支撑未来商业发展的基础设施都完善了，用先进的技术或者商业模式可以给那些传统行业带来新鲜血液，所以最近这几年跨界变得非常普遍。

马化腾在对创业者讲跨界时，曾这样说："每一个已有的行业领域都挤满了创业者。腾讯刚创业时，也面临同样情况。我们在深圳，当时不像北京的创业公司有很多风险投资关注。我做系统集成、做软件开发也拼不过深圳好多大的公司。那我做什么呢？我就抓一个跨界点，做通信和互联网的结合。我原来在润迅做电信通信、呼叫平台，又了解互联网。当时很少有人同时懂这两件事。我在润迅做寻呼解决方案，其实寻呼台那时候很快死掉了。我们提的解决方案是续命，也续不下去，但是由此我们进入了跨界的一个口子。后来寻呼台没落，但手机短信和双向通信都发展起来了，所以我们当时才会去做集成短信和QQ，叫作'网络寻呼机'。原来也没有想到要做什么，只是觉得跨界应该有我们碗饭吃，就往这个方向走。现在很多创业者也在抓跨界，这两年互联网和传统行业相结合，产生了大量的跨界机会。传统行业不太懂互联网，互联网的人没有你那么专、那么深，结合这两个点，前景就很好。腾讯的老员工李华出去创业，做了富途证券，很厉害。两年前证券交易火爆的时候，其他券商网络都瘫痪，只有富途证券活下来，迅速成长。他就是既懂互联网又懂证券，所以快速成长。"

从互联网跨界中找到大的商机或蓝海，这是大家创业中要注重的方向。

第五节　企业家是最大的商业模式

企业家、用户、技术作为商业模式变革的三大硬驱动力，与未来观、创新观、跨界观三大方法论构成了我认识商业模式的系统性框架，而系统的框架思维所构成的商业模式中，企业家不仅是基石，也是塔尖的明珠。所以熊彼特把企业家与企业家的创新归结为经济发展的基石，我认为企业家则是最大的商业模式，不仅如此，在新的时代，我认为企业家、科学家与军队，是构成国家发展与稳定的三大硬支柱。

企业家不断拓宽认知边界与认知深度，则是企业不断成长的基石性推动力。

著名企业家，日本四大"经营之圣"之一的稻盛和夫引用过福泽谕吉的一段话来形容企业家：

"思想深邃如哲学家，心术高尚正直比元禄武士，加上小俗吏的才干，再添上土百姓的身体，方能成实业界之俊杰。"

第六节　百得胜如何再创新走出 C2B 模式的竞争红海

C2B 是一种商业模式，更是一种思维模式

家居产业是标准的传统产业，但定制家具却成了新商业 C2B 模式的代表。最初，是一小批企业做定制，包括定制橱柜、定制衣柜等，不知不觉间，这些当初十分弱小、不起眼的定制企业，成长为家居产业中的大型企业。在 2017 年，一批定制企业上市后，形成了定制家居更大的热潮，几乎所有的传统成品家具企业、传统陶瓷卫浴企业，甚至跨界如地产企业碧桂园、家电企业美的等，都开始大批涌入定制家居产业。

定制已经泛化，C2B 的商业模式在家居产业已经成为一片红海。

那么，如何走出这片红海，创造新蓝海？

这就涉及对 C2B 商业模式的理解问题。在我对商业模式的定义中，商业模式是产品（服务）与用户的关系，不同的关系就是不同的商业模式，在我们过去所熟知的 B2C 的商业模式中，B 通常是主要驱动力，而在新的 C2B 的商业模式中，C 通常是主要的驱动力，同时他们也互为驱动力，所以这么来看，与其说 C2B 是一种商业模式，还不如说是一种商业思考方法。

这样，我们就跳出了 C2B 商业模式给我们设置的固定思考通道，进入到新的思维通道里，我们也就有机会跳出原来商业模式形成的竞争红海。

我跟进观察数年的定制家居企业百得胜，就是这么思考，也是这么变

革的。

规模化定制，是定制企业今天生存的基本能力

大规模似乎与个性化定制是一对矛盾体，但实际上，所有的个性化，背后都是一定程度的规模化。无论哪个商品类别，都从来不存在绝对的个性化，所谓的个性化就是缩小范围，一定程度的规模化。而按需定制，下单后再生产的柔性生产线，如何在最短时间内最大限度地满足订单量和需求的复杂性，是制约一家定制企业效率、成本的关键因素。

标品家具企业根据一定市场调研情况，研发产品，批量生产后通过各级销售渠道投入市场，进而运用广告宣传、门店推广、促销活动等手段刺激消费者购买，而定制家居企业的 C2B 模式，是以消费者需求为核心，完全反向的过程。

消费者依据房屋户型及偏爱的风格等提出房屋设计需求，定制企业依据消费者需求，上门实地测量，进行产品设计，再根据设计图下单生产。这就使得厂家通过产品和服务与消费者直接建立了联系，而经销商和服务商一定程度上成为双方信息的传递者。

这种消费到生产距离的压缩以及信息边界的消失，一方面让产品更加精准地满足消费者的需求；另一方面，也使得定制企业的生产效率大幅提升，库存大幅降低。在订单信息传回之后，加工中心根据订单需求进行分类，用信息化软件，高效匹配原材料和需求，将相同尺寸的板材统一裁切，大幅减少原材料浪费，缩短开料流程，节省人力成本。

百得胜全屋定制产品涉及板式、实木、板木等多种材质，其率先实现实木开料板式化。过去传统实木的开料，通常是先从木材供应商采购固定尺寸的毛坯方料，回到实木生产线上，再根据订单的要求，进行裁切。经过裁切之后，大量的优质原材料被浪费。百得胜改良实木开料流程，直接

批量采购大板，发送到加工中心进行统一裁切，提升了实木定制家具的生产效率。

在开料之后，全面采用结构分体化生产模式，通过三级智能拆单，软件直接对应设备，将个性化的定制产品自动拆解为柜体、门板边框、芯板、五金等细致零部件，使生产更加专业化、精准化。同时减少人工消耗，提升交付能力。而同一订单的每个零部件生产环节都会自动生成一个订单条码，便于快速分类，以及实时查询订单进度。最后，同一类型产品汇集到同一工作平台进行包装。包装箱也同样生成订单条码，切割包装材料的设备将获取订单编码，并按照订单需求自动裁切。完成包装后，再经由扫码分别运输到各地仓库，再从仓库配送至当地各经销渠道。

为提升全国产能及交付速度，百得胜在广州、成都、天津、苏州等四地建立了现代化生产基地，并在全国范围内拥有十大工厂，其全国性产能覆盖，有效提升物流速度，降低物流运输成本及货运破损率，提升经销商盈利水平和消费者服务体验。

整个前端设计测量服务、中端柔性化生产、后端配送安装服务都是基于 C 端消费者需求而展开，消费者与厂家通过经销商与服务商的联结实现深度互动，从产品生产到触达市场的过程再无明确界线。

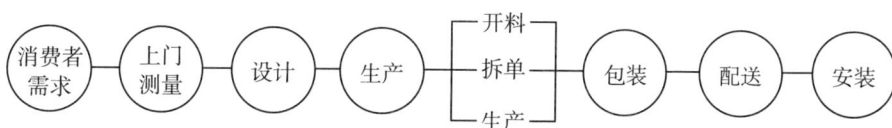

图 2.4　定制家居 C2B 模式

"小"字突破大边界：率先以小家居渠道化模式实现多品类融合

"小"字不是真的小，而是一种战略，是百得胜在精准认知和权衡下找到的现阶段最适合百得胜的战略图谱。

家居产业中，新中产用户的消费需求集中体现为他们对家居一体化解决方案的需求，即拎包入住的需求。在这种趋势催化下，家居企业都在适应这种需求。按照正常的商业逻辑，满足用户的系统需求，一是扩充产品线，由单品销售向多品类融合发展。二是直接做整体装修，从设计、施工、建材、厨卫电器、定制＋软体等全屋家具、家饰、家纺、家电甚至家居生活用品全线打通，为用户提供一站式解决方案。

但在目前的产业结构中，还没有出现能完全打通并满足用户所有需求的企业，在这种状态下，如何取舍？

用户对拎包入住解决方案的需求，持续对定制企业的进化提出了要求，或者说，是用户的需求，推动了定制企业的成长，也正是在这一过程中，定制企业的竞争格局产生了分化，因为在原来市场不断快速扩张的过程中，大大小小的定制企业都获得了不错的增长。但当市场增速降低，从增量市场更多走向存量市场的时候，在新的分化后的格局中，每一个定制企业再创新的模式不同，结局也便不同。

定制行业巨头用大家居模式，自己开设新工厂解决品类的扩张，少量产品由代工厂生产，很显然，用行业巨头扩张品类的模式显然不是适合百得胜的最优方案。

百得胜决定以"小家居"模式作为切入口，适应用户的变化，也切合自身的实际，在行业内率先开启定制企业渠道化探索，用资本的方式整合了韩居丽格门板、丹得橱柜、雅露斯软体、柏尔地板、橙舍的画等深耕行业多年的细分品类厂商，完成多品类延伸。将衣柜、木门、橱柜、门窗、寝具、沙发、地板、窗帘、移动家具、淋浴房等十大品类优质生产企业汇集于一个平台，通过百得胜全国统一渠道，为消费者提供客厅空间、餐厅空间、入户空间、厨房空间、阳台空间、卧室空间、儿童房空间、多功能书房空间、楼梯空间、淋卫空间等十大空间的系统解决方案。

这种"轻资产运营，低成本扩张"的模式，立足于百得胜上市企业的资本优势，以及全国 1400 多家店面的完善渠道网络和品牌影响力，充分发挥全屋定制企业的渠道入口优势，实现企业平台化，搭载各品类专业小 B 厂商，找到其共同痛点，通过产业协同的方式，实现联合共赢。在规避自身短板的情况下，通过整合，将各品类产品优势发挥到极致，打造了强大的多品类产品竞争力。

对于百得胜来说，避免了 PK 定制巨头自建各品类工厂、事业部、前端独立渠道网的重投入模式。可以小步快跑，并通过整体空间打造，给予用户更真实的场景体验；对于厂商来说，结束了他们生产优质产品却只能赚取 OEM 加工费的窘境。如果厂商自己做品牌，又要自建渠道及营销团队，做品牌推广，这对久做生产的工厂来说，并不擅长且成本过高。而在百得胜的深度赋能下，双方都能够回归本质，做自己最擅长的事儿，厂商可以致力于生产匠心产品，再借助百得胜营销体系提升品牌溢价能力。

百得胜的"小家居"模式在渠道方面完全契合了上述变化，在前端以低投入"小"空间切入，与开发商、装饰公司合作开样板间；走进小区开社区店；在原有定制衣柜渠道开设店中店，在这些面积相对较小的店中，按整体空间的展示方式，集中展现其整合的十大品类产品。

这种"小家居"模式，对于用户来说，可以通过卖场店或社区店的一站式采购，买到高性价比的各类产品；对于经销商来说，300 平方米的店就可以承载 1000 平方米或者 3000 平方米的店面展示，打掉了高成本；对于百得胜协同品类的小 B 厂商来说，完善的渠道和其他品类的优势互补能保证一定的订单量，厂家可以专心将产品品质做到极致。一举多得，使得百得胜基于用户驱动，轻松完成跨界转型和渠道突破。

模式创新，小家居并不小。

用创新与良心走出竞争红海

生产效率提高了，产品和渠道变革趋势把脉精准，能够更好地契合用户需求和市场变化，然而，达成持续成交的根本，始终是产品。产品作为核心竞争力展现，用户体验感知载体，以及一切传播和营销的基石，是一个企业生存与发展的重中之重，而百得胜始终致力于做好看、好用、环保的定制家具。

百得胜董事长兼执行总裁张健进入定制行业之初，就将其在德尔地板最擅长的环保基因"无醛世界"的理念植入百得胜，在他看来，装修污染是消费者的一级痛点，尤其当前追求品质生活的新中产用户，对于健康环保的重视程度正不断提升。在环保方面，百得胜一直领先行业，2012 年，百得胜颠覆创新，推出 FCF 猎醛板；2013 年，MDI 胶禾香板横空出世；2014 年，又快人一步，推出了无醛添加颗粒板 / 密度板；2015—2016 年，实现二次飞跃，推出无醛添加澳洲实木；2017 年，再度加码，推出无醛添加美洲实木；2018 年，全面升级，又推出青春实木系列；2019 年年初，推出无醛不开裂的实木多层板。

2019 年 3 月，更是研发出具有时代意义的、更加美观和稳定的无醛石木烯板，以全新不含醛的石木烯材料取代了传统的三聚氰胺饰面，做到了饰面＋基材＋工艺全部无醛。同时，立足于板材的创新，在推出十大空间系统解决方案后，百得胜又水到渠成地向"无醛空间"发起挑战，对空间产品进行系统的优化，同期发布了"无醛空间"产品，遥遥领先于行业。每一步前行，都是对生产工艺和能力的一次挑战，也逼迫百得胜迅速成长，推动"无醛添加"理念成为定制家居行业的风向标。

另一个直击主流用户群心理的关键点是设计，为摆脱产品同质化竞争，并基于对未来产品流行趋势的预判，张健在加入百得胜的第二年，就开始推动新中式系列原创产品的研发。历时七年，百得胜已经陆续推出了印象岭南、印象徽州、印象江南、印象巴蜀和风情大理等多个系列。在新中式产品的设计理念上，张健提倡要有一定的文化内涵、轻奢品位，而不是逼格过高，流于小众，难以畅销。

同时，百得胜还推出了欧式系列、小美式系列、膜压系列、都市系列、青春实木系列等100多个产品系列。其中，仅2018年，就推出了51个原创设计系列新品。2019年，在青春实木系列的基础上升级推出"青春实木无醛空间"定制家。拥有广州膜压馆、苏州国际馆、天津经典实木馆、成都整装馆、从化定制轻奢馆5大工厂展馆。到2020年，预计达到200个产品系列，12个展馆，总面积将达1.7万平方米。

这些产品在文化与情感上引起了当下年轻人的共鸣，在展示体验上，打造生活居家场景，将用户的个性爱好、想法、风格偏好和生活习惯真实还原，赋予空间更贴近用户生活的表达方式，让人们享受到愉悦的一站式拎包入住家居服务。为加强用户的品牌亲和力，在全国范围内热销奠定了基础。

6年时间销量增加了15倍背后的营销创新

百得胜从张健接手后，6年时间销量增加了15倍，创造了行业增长奇迹。产品再优质、环保，生产效率再高，渠道模式再先进，没有行之有效的营销手段，也很难让产品高效地触达用户，并顺利杀出竞争重围，实现成交。而对于低频消费，竞争趋同的家居建材行业，在品牌和产品渐趋一体化的今天，让自己不断曝光于用户眼前，并以多方优势加深印象，形成记忆，最终促成消费，对企业来说，更是尤为重要。

百得胜很少大规模地投放广告，但百得胜组建了一支200多人的市场营销帮扶团队，对终端进行主动帮扶。他们全年不间歇地帮助经销商开展开业、会销、品牌日、嘉年华、"1+N"星众娱乐营销等各种类型的活动，每年活动场次达 1000 余场。除活动的组织过程，他们还进行现场洽谈、签单，帮助经销商提升店面业绩，并根据经销商情况进行专业知识培训及店面经营指导。

因此，在通过产品环保升级、品质坚守、设计创新、空间化整合、实景生活体验等方式与用户保持多方共鸣的基础上，百得胜也加大了品牌形象的建设，使品牌与产品相结合，更好地向用户传达百得胜的企业理念。

有效重复性主动营销活动，推动了百得胜的终端销量稳步提升。

目前，百得胜拥有东南西北 4 个生产基地，10 个工厂，5 大工厂展厅，100 多条系列丰富的产品线，消费者或经销商的选择更多了，百得胜也能够有针对性地上样，按需选择，打造当地最优的场景展厅，并且这具有很强的灵活性和可操作性。因此，经销商团队对百得胜实际呈现出来的场景丰富程度、风格丰富程度，以及生产基地、展厅的丰富程度，认可度是较高的，这也从侧面印证了百得胜战略的可行性。

第三章

创新用户：识别新中产

导言　得新中产者得天下

得新中产者得天下，这是今天的主流经营逻辑，但往更深一步去想呢，什么样的人是新中产？这个概念能够统筹我们对所谓"新中产"的认识吗？依据这个逻辑，能够指导我们的经营吗？

什么要素在影响这些所谓新中产的认知与购物决策，他们到底又新在哪里呢？

我们需要什么样的学科知识才能解释这些现象，企业又如何洞察消费者变化的规律并利用这些现象做出变革与调整，适应用户的变化？

洞悉用户变化的根本规律，产品如何因应而变，我们用什么方式触达这些目标用户？

在关于新中产的描述中，重品质、讲个性、重体验，这些就是新中产的属性吗？在这些品质的表象之下，我们如果做更深入的思考，会是什么景象？再往下分析呢？就是把新中产这个概念不断往更深的层面剖析，剖析到不能再拆解为止，到这个位置的关于新中产的道理，才有可能是真正能够为企业所利用的理论。

我们要不断对今天时髦的"新中产"概念追问为什么。越时髦，越容易掩盖真相；越时髦，越容易依据表象决策；越时髦，我们越容易掉入泡沫下的陷阱。

本章内容希望用跨学科理论，来解读今天的热词"新中产"，让企业在经营与变革的过程中，不因表象而变，而应追究用户变化的根本，以应对这个快速变化的世界。

我提出用户刚需、用户偏见和用户弱点的概念，是这三个层面的综合构成了产品新的层次，也是企业定价的基本标准。企业对不同用户层面的满足，则构成了企业的不同层次、战略、打法等。

第一节　新中产与新消费力革命

瞬息万变的消费潮流中，有一点我们是可以肯定的，用户也是时代的，一代新人换旧人，新的用户创造了新的时代，新时代的各种要素也深刻地影响了新的用户。在用户的时代跃迁中，一批企业无法预测、无法发现，也无法适应新的用户需求，于是这批企业纷纷倒下，有的缓慢，有的快速。只有部分企业适应，甚至不断领先于新用户的诞生，不断穿越用户的新旧转换时空隧道，成为跨越很多时间周期的伟大企业。

站在另一个维度，时代的企业便得到更好的注解。与其说企业是时代的，不如说是用户的时代性决定了企业的时代性，因为用户的时代性是一个不可逆的生命逻辑，因为这种不可逆性，决定了企业必须不断创新才能适应新的用户需求，不创新则必死。而在这个创新的过程中，有一批企业的杰出创新，确实也引领了用户的发展，杰出创新的企业，成了时代的伟大企业。

以"80后""90后"用户构成的当下的新中产，也注定是时代的。理性地看，在以新中产为用户主体构筑商业体系的过程中，我们还需要"一只眼睛向前看"。

新中产元年

很多人将2015年作为中国消费者的认知元年。其理由是2015年年初，中央政府提出了"互联网+"，12月份提出了供给侧结构性改革。所以他们也将这一年，定义为新中产元年，而这里的新中产，又是以"80后""90后"为基础的。为了更方便大家的理解，本书也暂用新中产来称呼今天的主流消费人群，但称呼不是定义，我们需要对新中产所包含的真正意义进行比较客观、准确、能反映市场现状并能指导企业发展的分析。

我其实更愿意将雷军创立小米公司后，提出互联网思维"专注、极致、口碑、快"七字诀的2012年，作为新中产诞生的元年。

为什么？互联网技术、产品以及服务在中国已经普及多年，城市主流用户的生活也与互联网息息相关，但我们也仅仅停留在互联网对我们生活与工作的改变上，停留在技术的实用基础上。雷军的互联网思维七字诀，携小米手机在手机红海市场生生杀出一条血路，成为线上销售的手机第一品牌并持续发展，并裹挟互联网思维形成全民大讨论的巨大势能，成为时代性的符号表征，那时雷军开始将小米定义为一个年轻、富有活力的中产阶层品牌。

在移动互联网刚要崛起的那个时刻，一切势能似乎都处在量积累得刚刚好的状态：总体良好的经济态势，新产业的蓬勃发展，消费者良好的信心状态。也许目前的新中产里只有一小部分人选择小米手机，但不妨碍当年小米的崛起让我们开始看到这群人的力量，开始正式关注到他们的样子以及喜好。

这几年间，新中产力量已经被每个人看到，他们是阿里"双十一"连年暴涨的消费额，也是支撑网易考拉、网易严选、小米有品之类的专注中产电商的核心。

消费意义上的新中产

当我们说到新中产，就不得不说清楚什么是中产。全球对中产的定义主要是参考财产和收入情况，但是在中国，定义阶层要参考他们除去衣食住行等基本生存成本开支后，自由支配的额度。市面上的普遍说法是，中产必须在所在城市拥有一套 80 平方米以上的房产，年收入在 20 万 ~30 万元，此外还要有一定的投资理财资产。

但这个定义方式未必能反映新中产在消费意义上的价值。

谁是新中产？首先他们以"80 后""90 后"为主体，具备中产的经济实力，如果他们不具备相应的经济实力，但也具备新中产相应的消费意愿，因为他们的教育背景更好，社会阶层更高，生活素养更好。而社会金融贷款体系的快速发展，各种互联网现金贷、分期付，让那些具备新中产的消费意愿而不具备消费能力的人，也能够消费我们常规意义所定义的新中产产品，站在消费力的角度，难道他们就不是新中产？

在山寨产品横行时代，我们流行"得山寨产品用户者得天下"，但小米的出现直接消灭山寨，不再有人喊"得山寨产品用户者得天下"，以"80后""90 后"为主流消费人群的新中产开始走入大众的视野，而这一批人，背后的互联网烙印分明，所以，衡量这个人群的不是山寨产品用户，而是今天的新中产，是今天的真正消费主力，新的消费力革命由此发生。

移动互联网维度下的新中产

移动互联网成为所有行业的基础设施，也成为用户生活的基础设施，这也是零边界商业新时代新中产的独特所在，正是因为移动互联网的存在，使得今天的用户，特别是新中产与其他时代的用户有根本的不同。

正是雷军提出互联网思维七字诀之后，一批企业开始对产品的品质重新定义，对价格重新定义，对传播重新定义，对销售重新定义。从那时起，所有行业开始全面、深入思考互联网技术及互联网思想对行业、对企业、对个人的影响，思考如何利用互联网的基本思想，替换原来传统思维模式的影响，运用互联网思维，改造传统行业的一批新兴企业开始出现。

虽然雷军的互联网思维七字诀在传统思想里也有众多体现，专注就是专一，心不二用；极致就是精益求精；口碑就是金杯银杯不如用户的口碑；快，天下武功，唯快不破。但能够把这几个连接在一起的，放大效应无以复加的，只有雷军。互联网使信息对称，用户转移购买的成本变低，赚信息不透明的钱的机会慢慢丧失了。站在企业竞争的角度，做不到这样，不能进入新的竞争系统的企业，便被拥有新打法的企业所攻灭。而信息透明，对用户的消费心理影响是极大的。

雷军说："小米的两个目标是什么呢？第一，要做让用户尖叫的产品，就是用户觉得这个产品好得惊人；第二，让用户买到以后愿意推荐给朋友。"这两点，站在用户角度，反映了用户对产品的理解，对产品价格的理解，所以，反过来说，企业如何理解用户的这些变化呢？

2015 年的"互联网 +"和年底提出的供给侧改革，都是企业或者政府，站在产业的角度，思考产品体系的变革，而不是站在用户的角度，思考用户发生的圈层变化和由此而形成的新消费力革命。

这也就是为什么新中产元年，我定义为 2012 年，在这个新中产的诞生过程中，创造新用户、追随新用户或落伍于新用户，成了企业发展的分水岭。

第二节　新中产崛起

按照 2018 年国民生产总值计算，中国的国民生产总值已经是美国国民生产总值的 63%，十年后将会超过美国。中国以购买力计算，2018 年就已经超过美国，十年后，中国的购买力将会大大超越美国，美国社会的稳定与消费能力的强大，都得益于美国庞大的中产人群。我们现在号称 3 亿中产，已经接近美国整个人口数，按照这个发展趋势，十年后将会有小半人口具备中产的消费能力，那也许就是 3 亿 ~5 亿主力消费人群。

就像漫天繁星，那么闪耀、那么吸引人，仿佛触手可及，但实际上，漫天星星，却像海边沙子，散落于漫无边际的宇宙，无法琢磨，无法企及，让人垂涎欲滴的新中产消费人群，就像繁星一样分布在人群中。

他们在哪里，他们是如何分布的，用什么方式找到他们并跟他们交朋友？

只有在新中产的地方才能找到新中产

中国人自古就有物以类聚，人以群分的说法，《周易·系辞上》："方以类聚，物以群分。"用于比喻同类的东西常聚在一起，志同道合的人相聚成群，反之就分开。天下人各以其道而以类相聚，物各以其群而以类相分。

《战国策·齐策》讲了一个故事，战国时期，齐国有一位著名的学者名叫淳于髡。他博学多才，能言善辩，被任命为齐国的大夫。

齐宣王喜欢招贤纳士，于是让淳于髡举荐人才。淳于髡一天之内接连向齐宣王推荐了七位贤能之士。

齐宣王很惊讶，就问淳于髡说："寡人听说，人才是很难得的，如果一千年之内能找到一位贤人，那贤人就好像多得像肩并肩站着一样；如果一百年能出现一个圣人，那圣人就像脚跟挨着脚跟来到一样，现在，你一天之内就推荐了七个贤士，那贤士是不是太多了？"

淳于髡回答说："不能这样说。要知道，同类的鸟儿总聚在一起飞翔，同类的野兽总是聚在一起行动。人们要寻找柴胡、桔梗这类药材，如果到水泽洼地去找，恐怕永远也找不到；要是到梁文山的背面去找，那就可以成车地找到，这是因为天下同类的事物，总是要相聚在一起的。我淳于髡大概也算个贤士，所以让我举荐贤士，就如同在黄河里取水，在燧石中取火一样容易。我还要给您再推荐一些贤士，何止这七个！"（源自百度百科）淳于髡一番话，使齐宣王茅塞顿开，心服口服。看起来，世上的人才不是少了，而是没有找到识别人才的方法和途径啊！

不一定有钱，但一定有钱花

西方最早定义了中产阶层，他们对中产阶层的定义也在不断发展变化。最早由亚里士多德提出的从财产角度划分中间阶级；近代以詹姆斯·布拉德肖等人提出从社会关系和政治角度划分；当代以赖特·米尔斯、劳伦斯·詹姆斯、马克斯·韦伯等人提出的从社会分层、社会等级的角度综合定义中产阶级。

目前中国的近期研究都普遍倾向将中产阶级定义为：在一定社会条件下，按一定分层模式划分的处于中间等级状态的社会群体。更具体来说，家庭人均收入和财产处于社会平均水平与较高水平之间、生活水平达到全面小康与比较富裕之间的程度。这个人群主要是脑力劳动者，都是占据重要职业位置的社会群体，他们不是普通的体力劳动者，大部分处在一定程度的管理岗位，决定着别人的活动，所以具有更广泛的影响力。也因此，他们在社会中具有广泛的社会影响力，成为"意见领袖"，他们的话语权使得他们能在舆论上发挥较大作用。

但我更愿意从消费意愿和消费能力的角度来定义新中产，他们有钱，他们感性地用钱；他们不一定有钱，但一定有钱可以花，所以这个群体既是财富增长的结果，也是审美增长的结果，也是技术推动所带来的提前消费模式的结果。

新中产的构成结构也许与想象不同

中产概念在社会上并不是一个讨喜的称谓，"被中产"的人们觉得自己根本没达到中产的生活标准，一些达到中产生活标准的高阶中产也被房贷和各种费用压得喘不过气，觉得"宝宝心里苦"。

那么企业应该关注的新中产到底是谁？

无论中西方，对中产阶级的普遍定义都是从财产和收入以及社会地位上判定。但是作为一本关注新消费力的著作，我们将新中产定义为：具有中产消费水平的人群，这才是本书关注的新中产人群。

不少关于新中产的调查结果表明，新中产的人员结构是以"80后"为主，"70后"和"90后"平分秋色。他们比普遍定义的中产收入更高，受教育程度更高，消费能力更高，从事高知型工作，家庭年收入在20万~100万元之间。

这些对新中产的定义确实表达了相当一部分新中产的现状，但是如果从中产消费力的角度研究，这一人群比例即将发生结构性变化。

2019年，再也没有不到30岁的"80后"，最年轻的"90后"也进入了20岁大关。"90后"一代，这个约1.4亿人的庞大群体，正成为消费大军。20~30岁的"90后"正在开始面对他们的诸多人生大事：踏入职场、结婚生子。

　　或许你可以理解 1990—1995 年出生的人已经积累了一定的财富，但你以为天天哭穷，"丧"字摆中央的"95 后"买的都是便宜货吗？他们虽然买二手鞋架，但是敢买"80 后"都舍不得买的 4000 元的耳机，口红也是按套买名牌。

　　所以我们说，我们关注的新中产人群，从人群和消费力角度来看，"90后"或许要占一半的份额，其他的部分是"80 后"和"70 后"。

　　新中产是当今社会消费的焦点，这个群体之所以被广泛关注，并不仅仅意味着他们是当今的消费主力。他们的成长趋势、群体特征，启迪着我们对未来消费趋势的研究，人们也可以通过他们了解群体的价值取向，甚至洞悉中国相当一部分群体的未来走向。

　　新中产的范畴包含但不限于上面提到的新阶层，它们具有相当的共性。

　　新中产是社会发展的产物，它印刻着中国的历史、经济，以及人心的变化。当商业机构想和这群人做朋友，就不能只看到他们如何追逐物质，而应该看到他们所有决策的源头——内在的变化和需要。

第三节　别拿"90后"不当新中产

"90后"，提前进入新中产

"90后"或许在综合资产上还没达到中产的水平，但是他们可能出自中产家庭，而且他们在消费上已经提前进入中产。

"90后"用户们晋升成为淘宝世界的中流砥柱，买淘宝的便宜货，不意味着他们不会买贵的东西。从淘宝各年龄段用户交易情况来看，"90后"已经成为无可争议也无可取代的消费主力。他们的平均成交金额比"80后"用户超出将近1/4。这无疑与"90后"们在不断更迭的中国商业社会里日渐重要的话语权相匹配。

其中，还要再年轻一些的"95后"，呈现了更加果断的决策能力，他们用相对最短的逛淘宝时间，买下了最多的淘宝宝贝，无论是心理上的反应速度还是生理上的手速优势，都得到了证明。当然，手速反应力优势也可能体现在"90后"抢零食吃的时候。据悉，"零食"正是"90后"女性们的淘宝年度关键词——"90后"女性为淘宝上各类零食投入的零花钱，在一天时间内可以高达30万元！

10年前，当"90后"初出茅庐，人们视他们为新新人类。"80后"作为传统与前沿过渡期，"90后"更像是崭新的一代。

以"95后"为代表的消费一代，正在以惊人的成长速度和庞大的人群规模，接棒成为贡献消费的主力人群，他们的消费特征和消费理念，成为预判消费趋势的重要参考。

所以"90后"，既可能是"新中产"的主力，又可能是未来"新新中产"的主力。

心理匮乏的消费内核

在职场中，很多"70后""80后"对"90后"侧目：有钱、莫名的有钱。他们开着比前辈还好的车，敢买前辈舍不得买的东西。有人回答说，因为"90后"的爸妈都是"65后""70后"，就是那些"80后"的领导们，家里能不有钱吗？

作为我们本节讨论的重点，"90后"新中产的境况更是如此。一部分"90后"中产的钱是自己挣的，更多的可能是家里给的。我们也可以推导出他们从小的生活境遇就是殷实的，比之前的代际都更加富足。

那么，当我们在说"90后"新中产消费的时候我们到底在说什么？

消费的核心是解决匮乏，包括生理和心理两个维度。大部分"90后"，尤其是我们所讨论的"90后"新中产，他们的成长环境物质相对殷实，所以解决心理匮乏是他们消费的根本出发点。

几年前，"90后"在很多媒体的评价中经常是叛逆不靠谱的形象，曾有人说他们是"长不大的'90后'"，但是当"90后"真正走入社会被更多的人接触到时，人们发现"90后"却是懂事最早、成熟最早的。

正如"80初"和"85后"有显著不同，"90后"其实也划分为"90后"与"95后"。我们在这一部分先讨论1990—1995年的"90后"。

1990—1995年出生的"90后"，创新和怀疑的种子在心中扎根。改革大潮中的经济与政治氛围影响着他们的父母，这些情绪经由亲子关系写入他们的潜意识。他们从小感受到的就是世界快速的变化和动荡，他们潜藏着不安，所以带来的除旧迎新的力量就显得更为强大。

"90后"注定是要挑战禁忌的，比如曾经的马佳佳，用情趣用品店"泡否"挑战世俗，比如做大象安全套的刘克楠。"大象盒子"黑与绿的外形搭配，除了印满设计感十足的符文外，正面没有任何产品说明，只一句"2014，再不用就该胖了"，让人不明觉厉。刘克楠有句名句："我卖的不是安全套，而是安全。"就这一点来说，和周鸿祎做的是同一件事。

但是这种革新却不是天马行空。当我们抛开成见，接触这些已经长大成人的"90后"时，发现他们比以往的代际更早成熟、更加务实。相比"70末""80初"那一批理想主义、小清新小资风，"90后"似乎对任何的幻想与不切实际的事物没有任何兴趣，他们只在意建造更美好的生活，建造更好的现实。所以即使是"90后"的叛逆，也是一种建立在物质基础上的叛逆，在现实中安身立命是"90后"的终极价值。

就像马佳佳说的："中文系学那些玩意儿对当下都没有意义，我很崩溃。这些关我毛事，我要去创造价值。"当然，这两年处于"失败状态"的马佳佳也许有了新的感悟。

对很多"80后"来说，精神和特立独行的个体感是重要的，所以对他们来说，在政府部门或者国企公司工作是一件非常痛苦的事。即使人在其中，心也多半在别处。对于"90后"来说，则根本没有这个问题，对现有制度进行妥协对他们来说更像是刻在骨子里的。他们对理想社会的构想就是，每个人恰如其分地待在合适的地方做着合适的事情。

他们似乎天生更容易接纳社会阶级、权威和规则。他们对世俗社会有着更多、更具体的渴望，他们想要达成具体的成果，比任何一个时代都更具备自我计划和规划的能力，想要有价值感。我们之前所认识到的那群"90后"的叛逆小孩不见了吗？不是的，他们的叛逆是对现有制度和社会结构精心观察后的叛逆，是小心有度的叛逆。

和"65后"一起养生

如果要说"90后"的消费与以往代际相比有什么特点，那就是力图满足更高层次的心理匮乏。

按照马斯洛需求层次理论，如果说"70后""80后"的年青时代，还在安全、社交、尊重这三个阶段奋斗，那么绝大部分的"90后"直接越过了前两个阶段，他们开始的着力点就在社交、尊重，而且年纪轻轻就在追求最高阶段——自我实现需求了。

当人们说"90后"奢侈、花钱没节制，敢于花明天的钱，都在于他们本身的安全感基础好于以往代际，所以自我实现的欲求前所未有的高企。

据每日优鲜发布的《2019生鲜年货消费报告》显示，在生鲜年货上，"90后"年轻人酷爱代表消费升级的各种新兴商品。相比囤一冰箱的年货连着吃上一两周，他们更喜欢即时送达的电商平台，购买最新鲜的肉和海鲜。

当"70后""80后"在二三十岁一头扎进挣钱获取社会地位的命运中，到三四十岁，甚至四五十岁才开始顾及养生、自我终极价值的提升时，现在20~30岁的"90后"们就已经是"青年养生派"了。CBNData（第一财经商业数据中心）基于阿里数据发布了《90后、95后线上消费大数据洞察》，除了"90前"，"95后"对于整个"养生"系列产品的偏好度也明显上升，从养生食品来看，蜂蜜、枸杞、乳清蛋白、养生茶和酵素是"95后"目前五大养生最爱。

"养生"话题被越来越多的"90后"关注。2017年，关于"90后养生方式"的段子在网络上突然爆红，那一年，流传在互联网上的几个最火话题之中，一定有"啤酒放枸杞、可乐加党参"的身影，"红枣枸杞保温杯"不再只是中年油腻男的专属，也成为许多"90后"的生活方式。

看看面对这样的"90后"，大牌餐饮企业正在做什么。麦当劳去掉了麦乐鸡里的防腐剂，把部分冷冻牛肉换成新鲜牛肉；星巴克加强推广低糖和低卡饮品；可乐和雪碧纷纷推出"0卡无压力"饮料。这些赫赫有名的品牌，都在"不失体验感"的基础上，勇于打破固有产品，甚至是经典产品。

"95后"养生的话题背后折射的是什么？"90后"群体消费意识的早熟现象。消费意识背后就是心理意识，"90后"的父母多是"65后"，他们被父母引领着更早地看到了人生的多个层面，这甚至是他们十几岁就开始受到的影响。所以"90后"的理性是被最早的一批"中产"影响的，他们也更早地开始自主消费，他们用看起来理性的消费方式，体现他们内心感性的自我。

丑的东西没必要存在

这是 Diana Wang 高级定制时装创始人，生于 1990 年的王璐发出的宣言。她反映了一个极大的社会现实，中国历史上，是一个艺术极度发达的社会，审美要求极高，我们的思维方式决定了我们的文化结构，我们的文化结构就是对艺术的极致追求，只是近代，物质的极大匮乏，导致对审美的极大压抑，但新的年轻中产，在解决物质匮乏之后，压抑的审美将会极大地释放出来，这对整个消费社会的影响，将会是长期的、极为重大的。

第四节　新中源如何打造设计 IP，带动传统品牌年轻化

最近几年，几乎所有传统品牌都陷入了一种集体性焦虑，企业突然变得不懂年轻用户了，品牌管理失灵，营销手段失灵，传播方式失灵。即使品牌强大如宝洁，在很多年轻用户心中，都成了奶奶级产品，年轻用户逐渐弃宝洁而去，其结果是，最近几年，宝洁的销量一路下滑。

宝洁的现实当然不是个案，只不过它是最知名的一个，很多传统品牌在新用户崛起之时，由于无法转身适应新用户，就悄无声息地从市场上消失了。

那么，有没有什么方式，重建老品牌在年轻用户心中的新认知？或者说，老品牌能够顺利过渡到新用户的成长上来，从而实现老树发新芽吗？

本案例新中源，就是这样一个例外，它已经成了传统建材行业老品牌成功年轻化的标杆，它是如何做到的？

传统建材行业的品牌现状

家居建材产业是一个传统行业，大规模发展也有数十年的历史，十几万家企业，数万亿的大市场。但作为低频消费的建材企业与用户有着天然的距离感，不只接触频次低，品牌和产品给人的感觉也通常是冷冰冰，缺少温度，大部分建材品牌又是"土得掉渣儿"的传统企业。也许在行业初期，人们消费刚刚改善，瓷砖对于普通家庭用户来讲还是一个奢侈品时，也许

对于那一个阶段的用户而言，瓷砖也曾"时尚"过。但很显然，经过几十年的发展，"新中产"无疑是今天的主流用户，他们更多是"80后""90后"。有数据显示，楼市购房者中，"80后""90后"占比超过了60%，是市场的主力。而这些年轻人对品牌和产品的认知，跟"60后""70后"有着天壤之别。他们不盲从品牌，更看重品牌的价值主张，以及产品的个性化、现代感、设计感。他们希望买到更好、更有品位的东西。很显然，建材企业基本都没有跟上这一批用户的需求成长。

如何去改变固有的形象，颠覆用户和业内人士对品牌的旧有认知，是很多建材企业都在思考的问题。瓷砖作为装修材料，本身就极不感性，通常的情况下，经营者都会把这种产品当作消费者装修的刚需，不太会在意用户的感觉，何况新中源是一个35年的瓷砖品牌，更容易退化。

成功的变革首先是一次清晰而系统的思想变革

中国改革开放的成功，首选是思想的突破。关于真理标准的大讨论，开启了禁锢在人们头脑中的枷锁，实践是检验真理的唯一标准，鼓励了人们去干，去实践。至于其中的方法论，当时无法提前规定，便用摸着石头过河的方法去实践，在这个过程中，不断突破思想，不断修正方法，这才有了今天中国改革开放的巨大成果。

企业要成功变革，道理亦然。

要改变传统品牌，首先就得理解今天的用户到底是谁，有什么属性。

新中源陶瓷营销总经理陈勤显认为，驱动当前新中产用户消费的，是基于理性上的感性。他们相信一定的品牌背书，首先会理性地在一批知名品牌范围内做选择，这样就不需要考虑基础的安全、质量等问题。在此基础上，最终选择哪个品牌的产品，则是受感性驱动的。而对于家居建材品牌来说，在调动用户感性认知的过程中，设计起到了至关重要的作用。基于这样的理解，陈勤显着手在已经拥有悠久品牌历史，具备了用户"理性消费基础"的新中源陶瓷实施了一系列以"设计"为核心的推陈出新举措，并用这些举措带来的直接与间接效果，系统推动了产品设计、传播方式、渠道体系、终端变革等，甚至推动整个体系人员的思想变革，使品牌变得时尚起来。让不认识新中源的用户对这个全新的品牌形象熟悉起来；让曾经认识但不认可的用户，对新中源的印象变"老土"为"潮牌"；让全行业改变了对这个企业发展趋势的判断。

寻找连接年轻用户的突破口，开启"中国设计星"大赛

在新的用户中，产品的美是很重要的，而连接这种美的是设计师。家居建材行业很多企业也在连接设计师，但通常都是把设计师当作销售的渠道，双方关系是一种交易关系。但新中源独创了设计师大赛，用一个大赛的方式来连接设计师，赋能设计师，而不是将设计师当成一个卖货的渠道。

2014 年年底，新中源团队找到了广州设计周创始人张宏毅先生，提出想做一个国内设计界的"中国好声音"，通过现场打分评选出真正优秀的专业设计师。双方很快达成合作共识，"中国设计星"活动就这样诞生了。

2015 年 4 月，由广州设计周和新中源陶瓷联合主办，面向"80 后"设计师发起的，首届旨在全球范围内推广中国设计的大型命题演讲"真人秀"活动"中国设计星"正式启动，著名设计大咖梁志天、邱德光、林学明等三四十位知名设计师，担任了此次活动的导师团。活动面向全球范围内的"80 后"（1980 年后）中国设计师征集报名。海选、集训、晋级演讲会、海外游学、方案创作，优胜者出线参加年底广州设计周上举办的"中国设计星"全国竞选演讲会，依据现场得分高低产生年度"中国设计星"总冠军。

陈勤显另辟蹊径，将目光锁定在了设计自由、思想独立的中坚力量

"80 后"设计创业者身上。他们是一批拥有独立设计工作室，或是在知名设计工作室中担任主创设计师的，凭专业设计能力赚取设计费，而不以材料回扣为核心收入的人。为与这批年轻设计师产生深度连接，陈勤显有了启动一个跟设计师相关的活动的想法。有别于当时行业内举办的一些只让大师或成名设计师露脸的活动以及一些评奖不透明的设计大赛，新中源希望这是一个能真正让年轻设计人才脱颖而出的活动。

"中国设计星"大赛取得了初步的成功，但这个大赛并没有给企业带来立竿见影的效果，在公司内部也引起了很大的争议。这就需要操盘手既要有影响董事会的能力，又能持续推动以"中国设计星"IP 打造为核心的设计驱动体系。在跟新中源的营销总经理陈勤显的交流过程中，他强调自己最大的能力就是学习能力，陈勤显说他很喜欢换位思考，喜欢用未来思考现在的做法，同时还要有很强的执行能力。所以正是这样一个基于未来的决策，在效果不能立即验证的情况下，新中源不断推动"中国设计星"活动的扩大、深入，最终产生了丰硕的成果。

但比赛只是星生态的起点

2015 "中国设计星"大赛冠军崔树说："'中国设计星'是'80 后'设计师的另一种成长形式。"

设计大赛 IP 化，IP 化后生态化

为进一步加深与设计师和 C 端用户的连接，"中国设计星"活动也进行了后续链条的延展，并扩大覆盖群体。

首先，设立星投天使项目库。将新中源自己的，像门店设计、展厅设计、产品设计等，以及经销商或合作伙伴的，如家装、工装、专卖店设计

等项目放入库中。年轻设计师在"中国设计星"获奖后，如果被项目方看中，就能获得库中的项目。这样就实现了与设计师后续的深度互动。

第二，成立星学院。给那些未能晋级获奖，又希望能在这个平台上，向大师、冠军选手、优秀同龄人学习的设计师创造持续交流的机会。星学院有线上课和线下课，会邀请"中国设计星"顾问导师和执行导师来讲课。"中国设计星"历届前三名获奖选手，也会定期分享自己过去一段时间做过的新案例、新收获。有些参赛选手专注于某个细分领域的设计，也会分享对各自领域的商业模式、场景设计、空间设计的研究。这些授课和分享都会成为课件，放到平台上。星学院还计划跟央美、国美，甚至米兰理工、包豪斯、哈佛等合作，联名推出定制课程。

第三，发起星公益项目。为了推动大家有目标地去做公益，新中源将公司销售额与"中国设计星"平台上的设计师捆绑，所有设计师推荐销售的产品，新中源提供产品后，再拿出十个点，去做设计师们愿意做的公益活动。从而将设计师的影响力和社交关系网扩大到更多的 C 端用户群体中。

第四，发起"中国设计星"降维版。以湖南、江苏、浙江等省份为试点，针对早年无法以常规合作模式打通的家装公司设计师，凭借"中国设计星"强大的 IP 影响力，完成覆盖，发起单省区的"城市设计星"活动。

第五，与全民娱乐营销相结合。为提升设计渠道的市场销量，新中源在 2019 年度将选择优秀的百强县，打造全新的消费者娱乐营销 IP "新潮新秀"，邀请多位明星，与购买了产品的用户同台表演，让消费者在这个全民娱乐的时代，人人都可以秀出自己，成为明星和大师。活动预计落地 50 场，目前已经在山东、浙江等地试点。通过层层发散，"中国设计星"平台将通过以设计师为核心的社交网络实现各区域的全民覆盖，让更多的 C 端用户认识并认可新中源。

设计生态体系带来的营销体系年轻化

"中国设计星"这样一个强大 IP 活动的持续推动，对整个体系的系统带动作用逐渐明晰起来。

首先，在最核心的产品设计上，力求贴近年轻用户。当时，公司提出想推仿古砖产品，加大在这方面的投入。以前业内做的都是经典仿古砖，欧式、米黄色调，图案很复杂。而年轻用户喜欢简约的东西，新开业的受年轻用户欢迎的各大酒店以及意大利博洛尼亚展都展现出年轻、时尚的现代风格正在成为一种趋势。陈勤显由此认为，应该把意大利流行的极简风格和黑白灰色调融入仿古砖，迎合年轻人的偏好。

2018 年 11 月 27—29 日，广州设计周在保利世贸博览馆隆重举行。作为连续四年参与这场设计盛宴的品牌，新中源陶瓷以"设计创新生活"为主题强势登场。

占地 300 多平方米的展位，除了展出"中国设计星"全国 12 强选手的 SPACE2X2 作品外，还携手国际著名设计师梁志天发布全新陶瓷大板系列——"绚"，通过抽取产品背后的创作灵感，打造了一个 SLD + 新中源新品"绚"系列概念艺术馆，引起行业内外一片轰动。

"瓷砖还可以有更多的呈现方式，我希望以新的视觉给它重新定义。而东方、西方、现代、古典是可以融合在一起的，这需要把最精华的部分提炼出来，用现代的创作手法重新演绎。"梁志天先生如是介绍。

实际上，早在 2017 年，新中源陶瓷已经与梁志天先生结缘，双方历经一年的潜心研究、匠心铸造才把新品亮相，可见双方对产品尤为重视。从现场火爆程度来看，本次新品亮相，不仅是本届广州设计周上的一大亮点，也是新中源陶瓷产品的一次突破，更是陶瓷行业划时代的象征，这代表着由新中源陶瓷引领开创的瓷砖行业研发原创时代已经来临。

2018 年 12 月 20 日，时值新中源陶瓷 2019 全国经销商年会，新中源陶瓷营销总经理陈勤显先生宣布，2019年新中源陶瓷将再次签约设计师进行瓷砖原创产品研发。这次签约的对象，正是崔树——寸DESIGN创始人、中国设计星D4导师、2015"中国设计星"全国冠军。

设计星所带动的产品原创体系正在不断延伸。

第二是门店的改造。

通过"中国设计星"活动与设计师建立了强链接，打通了营销路径，新中源在渠道和终端门店这一基础载体上，也同样进行了设计创新。陈勤显邀请"中国设计星"导师和参赛选手，对托斯卡纳店进行了升级迭代，打造了全新的托斯卡纳未来店。新店呈现出几大特征：第一，去瓷砖化，即去商业化，让门店看起来不像是卖瓷砖的；第二，现代化风格，迎合越来越庞大的"80后""90后"消费人群；第三，体现专业，无论是消费者还是设计师，日益看重产品的设计价值，要服务好他们，必须表现出应有的专业性。

2017年年初，由台湾新锐设计师邵唯晏主笔设计的新中源陶瓷南昌托斯卡纳未来店盛装开业，店面打破了传统瓷砖展示方式，开创了瓷砖专卖店2.0版本，其核心理念是开放边界、异业整合及生活场域的塑造。

与传统店面相比，未来店没有标准模拟间，也没有人多的产品展示，主要由各种"取悦"消费者和设计师的体验空间组成。年轻人可以在那里喝咖啡、看书、聚会、玩游戏、看电影，等等。如果说传统门店就是卖砖，在未来店，则是先谈设计和服务，然后卖砖。陈勤显把这种模式称为新零售。

继南昌托斯卡纳未来店之后，2017年新中源又打造了由"中国设计星"（2016—2017）执行导师、2015年度冠军崔树主管设计的无锡未来店，和由2016年度"中国设计星"亚军周游创作的郑州未来店。同年11月，由邵唯晏再次领衔设计的成都北富森1200平方米未来店也惊艳亮相。

2018年年中，在2.0新零售版本的基础上融入科技元素，新中源陶瓷在南昌又推出了由 2015 年度"中国设计星"季军王晚成主笔设计的 3.0 科技版未来店。据了解，由橹班设计创始人丁橹力创作的融合新零售、科技感和艺术感的最新 4.0 未来店也即将落成。

2018 年，新中源在终端专卖店建设方面，整体上推行"4+N"建店模式。分别为：现代简约概念店、现代轻奢综合店、现代托斯卡纳店、现代时尚分销店，以及不拘任何形式的未来店。

第三，对经销商的影响。

当设计感更强的店面为新中源渠道网络注入新的活力后，经销商们充分感受到了感性在年轻用户消费过程中的巨大驱动作用。徐州展厅升级前，曾有用户购买一款 80 元／片的产品，觉得价格贵，要再考虑考虑，等展厅装修完，用户进店后就感觉价格已经不贵了。可见，通过富有设计感的场景提升用户体验，最终达成的感观迭代效果有多么强烈。同样，设计师也看到了新中源店面所输出的家居美学，这与他们建立了更深的共鸣，也让设计师更加信服这个品牌和产品的创新能力，愿意在自己的设计作品中选用并向客户力推托斯卡纳及新中源其他优质产品。而当市场环境趋冷，建材行业整体下滑的情况下，新中源 2018 年销量增长都非常可观。

第四，开启由贩卖产品到贩卖一种生活美学。

在陈勤显看来，建材企业针对新中产用户营销的关键，是要理解到，你要贩卖的是一种生活美学，而不是某一件产品。如果只是理性地卖砖，那么产品很难有绝对的好和坏。价格也是一样，没有最贵，也没有最便宜，只有最合理。有没有能力将一片 80 元的砖卖到 100 元，关键要看带给用户的感性冲击够不够，而店面设计和导购服务是最直观的感性驱动。例如，吉利收购沃尔沃、参股奔驰这样的动作，也是为了让消费者通过感性的关联，提升品牌在心目中的地位。可见，最终主导品牌地位和定价权的，恰是感性因素，如奢侈品牌 GUCCI，在消费者心中已经成了身份地位的象征，所以它的产品价格可以定得更高。

第四章

新主流：
如何与 3 亿新中产交朋友

导言　从理性到感性的滑落

新中产消费群体与以往世代的差异性越来越大，群体内部在环境的变异中经常性地产生动态分层，并立即折射在消费层面。

对于现在的年轻新中产来说没钱是个问题，似乎也不是个问题。为什么？他们有钱没钱都控制不住自己花钱。虽然内心面对着欲望和现实的激烈角逐，但是往往欲望会打败现实。对于这种消费欲望，地域、财富都不是问题，只是程度稍有不同。电脑、手机、衣服、化妆品、电影、展览、演出、追星，还有线上线下的付费课程，哪一样都不能少，常常是这个月把上个月的钱都花完了。

对于现在的消费者洞察，常规的、与过去相似的现象已经没有更重要的意义，那些反常规的、匪夷所思的现象才是我们观察的重点。

"一个每个月有 3000 元消费额度的年轻人，会毫不犹豫地买 455 元的五月天演唱会门票、670 元的相关品牌卫衣，还有 274 元的书，和 190 元的专辑。还会买比其他地方价格贵不少的官方荧光棒，因为官方荧光棒是可以被现场控制的，能够更好地配合现场灯光效果，这样舞台效果才会最好。即使他们觉得医药费和聚餐费用很贵，却觉得追星的钱'该花就得花'。他们觉得房子的条件并不太重要，鞋柜衣柜都可以买二手的，却准备攒钱买 3000 块的 BOSS QC35 耳机，因为降噪效果好、低音表现不错，还想要一个带 CD 播放器的音箱。"（资料内容来源于《中国三明治市场深度分析报告（2019 版）》）

这种风格的消费方式在年轻新中产中颇具代表性。它具有极大的张力：可支配收入少却几乎把钱都花光；把钱花在那些在以往的消费观念里完全可以不用花的地方；以往世代重视车子房子，他们却只在乎自己的"爱豆"，自己的感觉。老牌喜剧演员潘长江最近在微博被骂得很惨，只是因为他在节目里说不认识蔡徐坤，在新世代的眼中，自己的"爱豆"大过天。

人们都强烈地感受到新时代的消费观念出现了翻天覆地的变化，用"多样性""复杂性"来形容它，因为人们似乎发现这里面的线索千丝万缕，似乎没有一定之规，似乎无迹可寻。我们似乎看到现在年轻人的消费需求，就像从他们作为树的主干，上面延展出无数的分枝与细芽，全方位的，绵密丰富的，难以捕捉。在品牌商眼中，中国消费者甚至已经成为全世界要求最高的消费者。

年纪偏大的新中产，上有老，下有小，在经济形势好、预期好时，消费趋向与普通中产差异并不太大，但他们是容易滑落的阶层，一旦滑落，消费行为立即不同，感性下降，理性上升。

对于当下的消费观察者来说有两个困惑。第一个：消费者为什么出现了如此强烈的变化？第二个：新世代消费者需求的变化脉络是什么？这就是第四章要与读者们共同探讨并解答的问题。

第一节　消费升级是一场逻辑变革

消费决策的源头是偏好与偏见

年轻人的消费趋势是一面旗帜，他们带头掀开了尘封多年的被捂住的消费心理盖子。"90 后"作为新中产消费的新晋代表，具有最典型的消费气质，这种趋势同样在"70 后""80 后"中隐现。

是什么让消费发生了这么剧烈的变化？

消费的决策者是人，是个体意识的呈现。消费的核心是解决匮乏，包括生理刚需和心理刚需两个维度。从另外一个维度划分，消费需要可以被分成基本型需要和满足型需要。基本型需要就是提供消费者生存的基础条件，而满足型需要能给消费者带来更多的愉悦感。无论消费解决的是哪个维度的问题，都是个体意识的选择。

那么个体意识又是如何产生的？

瑞士心理学家卡尔·荣格主张把人格分为意识、个人潜意识和集体无意识三个层面。意识是人格结构的最顶层，是最容易被我们认识到的部分，包括记忆、知觉、思维、情绪等等。这个能力能帮我们适应周围的环境。自我是意识的中心，意识具有选择性和淘汰性。而潜意识是人格结构的第二层，是知觉和被压抑的经验，以及属于个体性质的梦等等，相当于弗洛伊德的潜意识。

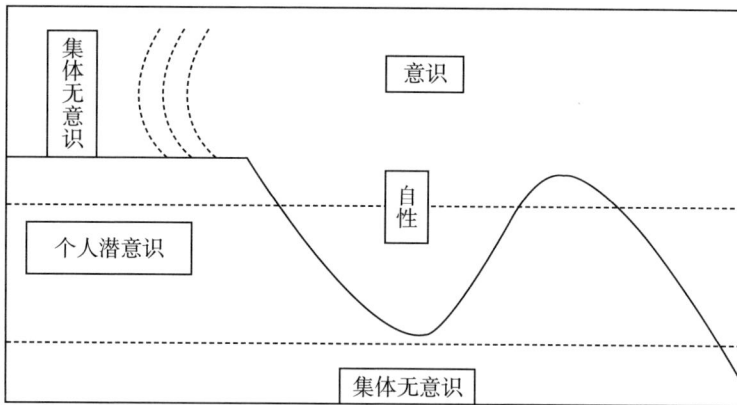

图 4.1 荣格：意识、个人潜意识和集体无意识

集体无意识是什么呢？他是人格或者心灵结构最底层的潜意识，是世世代代的活动方式和经验，在人脑结构中留下的痕迹。

但是在荣格的判断体系之外，原生家庭、当下社会的集体意识、价值观也是影响个人意识、个人决策的重要因素，它的分量几乎完全不亚于个体意识。

所以我们说，个体的消费是个体意识和集体意识的共同产物，对于中国这样的社会底蕴与文化的国家尤其如此。

意识具有什么样的特点？它是主观的，也势必带有偏好、偏见，是具有倾向性的。所以我们说任何决策、任何消费决策都是基于某种偏好、偏见产生的，人们之所以具有不同的偏好就在于他们的个体意识、个体潜意识和所受到的外在意识（原生家庭、集体意识）的影响不同。

驱力是如何控制我们的消费的

我们首先回顾一下在新中产、新消费模式到来之前，人们是如何进行消费决策的。

新中国成立初期老一辈的中国人，经历了许多战乱与苦痛，感受到极大的生存危机，家国意识、集体意识空前强大。外在的危机影响到个人安全感，这为那个世代带来了大量的精神创伤，势必压抑个人意识和欲望。这种创伤并不显化，或者说因为是群体创伤，所以对创伤的容许度很高。也因为他们从未体会过释放很多本能的需求，也甚至体会不到这种伤痕，但这并不妨碍内在的精神伤痕留存在潜意识里，在他们后面的人生决策和消费中得到显化，甚至被后代部分传承下来。

感知到外部的危机，通过自身调节获得最大程度的存活，正是达尔文进化论的重要理论。当物质缺乏，钱袋空虚，人们不得不调动更大认知，必须启动理性压抑自我，判断这一次的消费行为会对其他生产、生活起到怎样的影响，绝大多数的情况，我们只能供给自己基本的、刚好满足需要的消费。而那些让我们在放松状态下所倾向购买的产品基本上都被我们从心里删除了。

那么人们是如何筛选消费欲求并进行决策的？什么驱动了消费行为？

个体意识和集体意识决定了人们的消费偏好，但从偏好到行为发生则有更多的参照因素。

行为是如何产生的？我们把促使行为发生的力量叫作驱力。驱力理论最早由行为主义者赫尔提出，指个体由生理需要所引起的一种紧张状态，它能激发或驱动个体行为以满足需要，消除紧张，从而恢复机体的平衡状态。

驱力理论被心理学家霍尔进一步发展，认为有的驱力来自于内部需要，称为原始驱力。这种驱力不需要习得。有的驱力则来自于外部刺激，称为获得性驱力。这种驱力通过条件作用获得。霍尔指出，人类的行为主要由习惯支配，而不是由生物驱力支配。他强调经验和学习在驱力形成中的作用，认为学习对机体适应环境有重要意义。

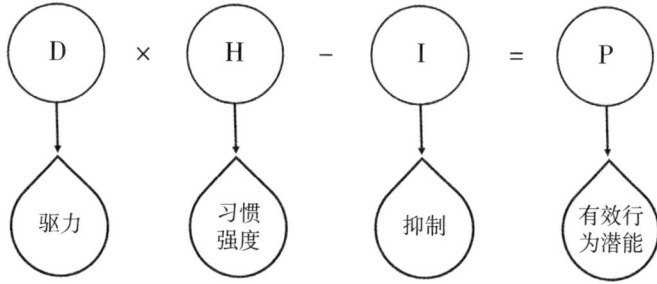

图 4.2　霍尔驱力理论简图

霍尔认为驱力（D）、习惯强度（H）和抑制（I）共同决定了个体的有效行为潜能（P），它们的相互关系可表示为：

$$P = D \times H - I$$

现在我们来定义的消费决策力由如下因素组成：个体偏好强度、环境影响力、可得性、抑制效能。

消费驱力的逻辑变革

用驱力理论解释的话，老一辈的消费环境本身就处在低水平的基础状态，人们的欲求是与他们获取的信息量成正比的。

匮乏的物质供给限制了人们对欲望的想象力，本身的物质基础也加剧了抑制、控制的能量，所以这一代人的消费驱力处在一个较低的水平上。

消费的核心是解决匮乏，包括生理和心理两个维度。基于人的偏好特质，这一阶段主要解决人们的生理匮乏、心理匮乏被大大压抑，理性占了上风。我将这段时期的消费逻辑定义为理性自我主导时期。

消费逻辑随着时代与经济的推进在不断产生变革，来看看现在的新中产是如何消费的：他们热爱品质，却不那么迷信品牌；他们热爱相聚，追求享乐，愿意为感觉一掷千金；他们更愿意为时间、为未来投入金钱。总之，新中产的消费轴心在于，如何成为更好的自己，如何让自己的家人拥有更好的人生。

当下，消费者正在换引擎，他们无意中把理性引擎减少，添置了更多感性的引擎。在目前的消费逻辑下，消费者的感性自我在逐渐增强、生发，理性、压抑逐渐降低。

这就是为什么我们会觉得如今的消费者呈现的特性如此让人眼花缭乱，当感性自我起到主导作用，确实"一切皆有可能"。当物质条件较为丰富，人们更多使用感性决策，这更能给他们带来愉悦感，能更多地满足人们的精神需要。

消费的逻辑出现了明显的变革特征，从原来的理性自我变革为感性自我。

如何定义感性自我？相比理性自我，感性自我更多是形而下的。感性自我不是非理性，它的消费逻辑是以解决心理匮乏、解决满足感为基石的。

消费逻辑变革带着阻力成长

释放感性，从古至今都带着被主流否定、禁锢的特质。释放感性自我的过程，往往会贴上个性、叛逆的标签。

在中国改革开放40年的历史上，有两次个性化的释放具有代表性的意义。一次是改革开放初期，20世纪70年代末到80年代初，以"'60后'年轻人"为代表，物质极度匮乏，那还不是一个消费的时代，虽然人们开始了对丰裕物质生活的向往和努力，所谓的个性化，是年青一代对上一代和整个时代精神禁锢的反叛，是一次精神的个性化，代表性现象之一是喇叭裤的兴起。

1978年，随着关于真理标准的大讨论，掀开了整个国家的思想大解放，确定了改革开放的国家发展新路径，这为年轻人的个性化反叛思潮提供了基本的时代背景。

喇叭裤适时地扮演起了"60年代年轻人"个性化的突破口，叛逆内心的代表符。

喇叭裤是当时西方水手为了防止海水溅入靴筒的改进裤型，放大的裤脚完全可以套住靴筒。这个裤型成为时尚界的宠儿则是1960年后，一代歌王"猫王"在一次穿着喇叭裤的演唱会后，把喇叭裤直接推上欧美流行的时尚巅峰，经日本和中国香港、中国台湾地区的传播路径之后，日本和中国香港、中国台湾地区带有喇叭裤元素的影视《望乡》《追捕》在大陆大火之后，喇叭裤开始在大陆风靡起来。《望乡》中，扮演记者的栗原小卷，白色喇叭裤成为她气质高雅的极好衬垫，而《追捕》中的中矢村警长的装扮，特别是上窄下宽的喇叭裤，成了中国青年表达情绪的绝好载体。

由于喇叭裤代表的是一代人的反叛精神，喇叭裤体现的个性化并不是人与人的不同，而是作为一个年轻群体与过去的思想和人的反叛，即使这些人穿的是同样的喇叭裤，他们个性化感觉也不见丝毫减少。

个性由对上一代人和权威的反叛，变为与周围众人的不同，这是"80后""90后"开启的时代。时间是2000年后，以"80后"为主，延续到"90后"。

第二节　新感性引擎的影响因素

感官意识

新感性消费有双重含义：一方面是消费者决策越来越快，越来越依靠感性决策；另一方面，消费方向更倾向于那些"感性"的部分，感官的、自我价值与成长的。

感性是如何运作的？

启动感性引擎的消费者呈现了一幅纷繁复杂的消费景象，对商家而言，传统的方式开始失灵，新的方向似乎还没有洞察清楚。

感性引擎的运作模式是怎样的？感性的底层基石是"五蕴"（此处的"五蕴"并非佛教中所指的五蕴），即"眼、耳、鼻、舌、身"。五蕴是我们生活中最直接使用的，是一种本能的感知力。

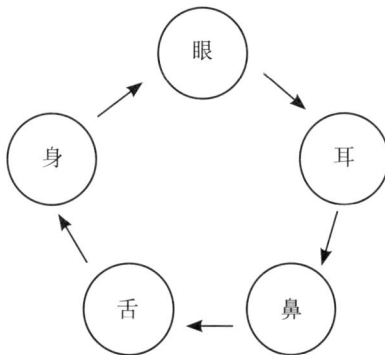

图 4.3　感性的底层基石：五蕴

这种感知通过大脑神经处理产生了初步的意识，就是判断，五蕴看到了"红色"，意识判定它是"红色"，初步的意识仍属于大脑活动自然的本能状态。这种五蕴和初步的意识都属于感性的范畴。

初步意识之后的深层意识，包含了感性和理性两个层面。个体意识是我们的总体信息的枢纽，向下承接五蕴的感知，向上承接自我的习惯、价值观的影响。喜欢什么讨厌什么，哪些有序哪些失序，高矮、胖瘦。我们的意识产生了无穷尽的想法，而最终所有意识的核心都归结为自我。

在我们具体讨论新感性引擎是如何发挥作用前，先讨论消费者会被哪些因素影响。

世代价值观传承体系

原生家庭、外在环境、信息量的总集，构成了个体价值观的边界，左右了个体的意识判断，心理学家把它叫作锚定效应。

现代认知心理学认为，锚定，就是人们评估一件事好坏的基准点，其实很多事情都无所谓好坏，一顿便饭在流浪汉眼里是美味，在贵客眼里就是招待不周。锚定效应就是人们会对某个时间进行定量预估，以某些特定数值作为起始值，起始值像锚一样制约着估测值。在做决策的时候，会不自觉地给予最初获得的信息过多的重视。所有的评判都是相对的，核心在于锚点设定的位置，穷人和贵客设置了不同的心理锚点就有了不同的判断和情绪反应。

人的成长就是根据所摄取的新的信息量，在意识中增添一个新的锚点或者抛弃原有的脆弱锚点。人们的消费锚点是被不同层面的营销系统设定的，这些锚点建立了人们对生活标准的要求。

原生家庭是我们个体意识的沟渠，我们所有意识的底层信息都是从那里累积的。无论我们是否愿意接纳它，都不可避免地将其深深印刻在自我意识的深处。那些在青年时代和家里抗争的孩子们，在内心深处也仍然刻着原生家庭的底层烙印，他们也许不赞同父母的观念，但也许他们和父母的青年时代会有惊人的相似。

前段时间的热播剧《都挺好》中，在母亲重男轻女观念下长大的女儿苏明玉，18岁就和全家决裂，10年里没有用过家里一分钱，没有见过家人的面，但母亲意外离世后，她不得不重新面对冷酷的原生家庭。被家人在葬礼上羞辱后，苏明玉回到车里想要解开胳膊上的黑孝布，越是着急越撕不掉，强撑的气势瞬间垮塌，就像她和家人的关系，拼命地想要逃离，却还是被血缘关系牵扯。

这就是我们和原生家庭的关系，那么消费的代际变革是如何受到原生家庭的影响的？"49后"的子女多是"70后""80后"，"65后"的子女多是"90后"。我们可以看到"70后"，到"80后"，再到"90后"，因为原生家庭的传承和社会变迁两个重要因素，开始长出了不同的价值观、消费观。

中国人的消费进程甚至可以说是一个时代的人集体对欲望本身探索、学习的过程。

我们看到"抢购"这个词伴随着"49后"一代，这代人经历不同的消费时代，开始是抢购大白菜，然后是电视机，然后是旅游景点，然后抢到国外各种购物点去。消费的浅层次需求是解决欲望，从目前蒸腾的消费社会，我们就能感知到中国人欲望的爆发力，这种爆发力是当年抑制能量的全面反弹。

我们对待欲望、消费、人生的观念就这样世代传承，迭代更新。在原生家庭的影响中，价值感的传承是最深的。年长一辈的伤痕，大约按照每十年一代逐步递减。人们对物质匮乏的观念在逐层淡化，新消费观念日益建立，观念的改变通过家庭进行了跨代传递。

"70后""80后"和"85后""90后"的抑制动能有着很大的区别。在新中产的范畴内，看起来他们的资产条件都不错，甚至"70后"比"85后"

还更优越，但是在消费的享乐程度上，绝对是"85后"更有驱力。为什么？"85前"的新中产，儿时所处的生存环境物质大多还不够富裕，所以这种抑制欲望的能力和习惯被深藏在他们的潜意识中。在那个阶段，父母、周边的人成为他们的社会化中介，在与这些人的交往中，孩子了解了他所处的文化环境，建立了初步的价值体系。这是他们消费差异的深层次原因。

同样，我们把"90后"纳入新中产消费的讨论中，并将他们视为新中产消费的主力，一方面因为他们具有高消费的欲求，同时，他们的家庭是他们雄厚的资金支持。为什么"90后"即使没工作了或者工资非常微薄仍然会花大笔的钱在追星、看话剧、买高端电子产品、出国旅行上？就是因为他们总有人"兜底"，自己的钱不够，爸妈来凑。总体而言，他们在物质层面很有安全感，这种安全感是以5—10年为一个时期逐渐累积的，到了"90后"，这种安全感足以支撑起他们稳稳的幸福。

当安全感得到足够的保证，发展自我就是他们唯一的方向。

环境影响力

环境、商家构建的锚点成了人们的期待与渴望，对于新中产来说，无论是远在异国的人们美好的生活方式，还是小红书上明星们分享的高级化妆品，抑或是地下车库里邻居更换的新车，都在为他们设置全方位的新锚点。这种锚点被网民们称为"种草"，那么如何"拔草"就是消费者下一步要努力做的事。"种草"的意义在于，如果你有一辆开了七八年的车，其实各方面保养得还不错，外观也并没有掉价，基本上能够满足你的正常需要，但是当你在地下车库发现有八九个邻居都换了炫酷的新车，即使网络上有很多对它的槽点分析，也会促使你蠢蠢欲动地想换一辆新车。

美国的示范使得中国新中产建立了对中产或者更好生活的概念，即使他们不承认，他们对美好生活的基础底层想象也很容易建立在那个基础之上。

环境影响力是多层次的，可以分为全球影响力、国家影响力、城市影响力、圈层影响力、社群影响力、家庭影响力。

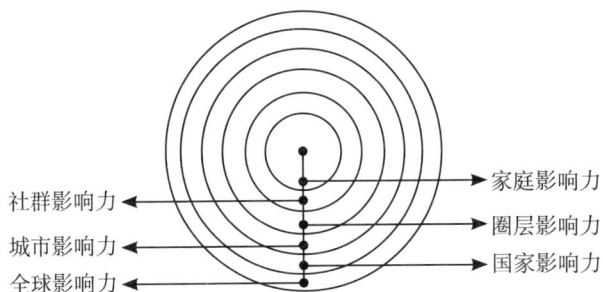

图 4.4　环境影响力

整体的环境造成了强大的多层次信息流，在发达的当下社会，这种信息流归根结底是人为造成的，这些信息流反过来影响更多的人们的意识，人们继续用被革新的意识又继续更新信息流，人的意识在推动人的意识，循环往复，完成能量的交互和传递。人们不可能不被外界影响，只能决定被谁影响。

信息戳动欲求永无止境

我们好像进入了一条快速通道，每个人都必须加速前进，无论是哪一方面。如果你停下来，或是被碾压，或是被超越，总之无法安宁。我们好像比古人拥有了太多，也失去了太多，所有的一切都来自于我们的信息过载。

现代消费景象构造了一幅人们对物质无限追求的图景。人们永远热烈欢迎推陈出新，人们说"欲壑难平"。外界信息的刺激是人们进入这场几乎无穷无尽循环的重要因素。

从理性自我模式到感性自我模式，给消费带来的最大差异在哪里？理性是知足就好，而感性则是不断延展，缺乏边界和控制的。感性最容易被信息激发。

　　虚拟经济相较于传统实体经济的崛起，谷歌、微软、亚马逊和脸书等大平台对信息和数据的垄断，以及金融市场日新月异的电子交易速度，都改变了今天的工作节奏。工程师们不断编写算法来适应飞速变化的投资环境，我们置身并参与其中。

　　什么构建了消费者需求，正是商业社会本身，这种需求也在不断地被继续推高，使得生产机器更快地运转下去。

　　消费者本身往往不会认识到这一点，他们甚至也不知道自己需要什么，所以乔布斯说："消费者并不知道自己需要什么，直到我们拿出自己的产品，他们就发现，这是我要的东西。"华为任正非也在不断地反省：我们对客户需求的理解不能狭窄，不要以为客户说出来的是需求。

第三节　新感性引擎下的心理账户革新

所有的因素都已就绪，消费者的感性引擎已经越加越多、越转越快。那么如何通过消费逻辑变革来透视消费趋势？

解答问题的核心是我们如何理解和拆分消费现象的"多样性"和"复杂性"。诺贝尔奖得主丹尼尔·卡尼曼提出了心理账户学说，指人们用于组织和经营生活的账户，现实生活中人们可能会将自己的钱存在不同的银行账户里，同时我们也将钱存在了不同的心理账户中。

心理账户是窄框架的一种形式，他们通过有限的大脑使所有事情都得到掌控，易于管理。就像高尔夫球手会为球场上的每个球洞创立账户，他们不会将整体的成功压在唯一的账户上。

前文中提出消费驱力，人们通过消费解除紧张状态，恢复机体的平衡状态。紧张的来源就是情绪的不平衡状态，情绪越强紧张感越强。心理账户就是人们对情绪强弱进行的内在分析，是个人精神上的自我交易，情绪越强购买速度越快，消费金额敏感度越低。

我认为消费者新感性引擎的启动使他们对于消费不同品类物品的心理账户发生了大幅度的、深度的变化，是导致目前消费复杂性的根本原因。

看看人们越来越多地把大量的钱花在什么样的地方：健身房、付费课程、旅行考察、奢侈品包包、单反、体验不同风格的酒店……

新一代的消费者在重新度量消费产品在自己心中的价值。之前在理性引擎下被压抑的感性逐渐萌发。在感性引擎的引导下，越符合消费者上层感性需求的消费越会被优先满足。

第四节　越来越发达的五蕴

在消费心理账户革新下，有限资金下的消费者选择也开始呈现极大的复杂性和价值张力。现在的消费研究者困惑于这样的问题：为什么一个年轻人会在闲鱼买二手鞋架，却乐于购买视频网站的付费会员；为什么他们租每月 2000 元的房子却买 4000 元的耳机？

在新世代消费者的眼中，二手鞋架和居住的房子属于基础需求，成色如何都不影响使用，但是 4000 元的耳机则是重要的感官享受，而视频网站的付费会员则让他们在最短时间内享受到最高清的视频服务。

无意视盲

心理学上有一个著名的实验：看不见的大猩猩。实验者拍下一段视频：两队球员分别穿黑衣和白衣击球和传球，其间会有人穿着显眼的大猩猩衣服击打自己的胸膛并在镜头前停留 3~5 秒。被试者在观看这段视频时，被要求记录穿白衣球员的击球次数。但是在后续的问谈中，被试者不会被问到所记下的次数，而是会被问到是否注意到人群中走过的那只"大猩猩"。但是大约只有一半的被试者看到了走过去的那只"大猩猩"。在心理学上这个现象被称作"无意视盲"，即人在太过于投入某件事的情况下，很容易忽略身边的事，即使这件事很显眼。

当处于 20 世纪 60 年代的环境中，绝大部分人都接纳了每天穿着蓝布黑布的生活，当我们在生活中有更多的事情需要处理，就会对当下不那么重要的感知进行屏蔽。也就是说当人们在物质匮乏、信息量不足的状态下，不自觉地压抑了自己的感知力。这是我们大脑在漫长的进化过程中形成的习惯，它能使我们在困境中保持最好的生存率。

人们的感性消费引擎是逐渐被开发出来的，不断优化的物质条件、不断更新的外部商品环境激发了人们感性消费引擎，人们的感知力显然获得了释放，继而得到了极大的延伸。

现在的消费者审美水平越来越高、越来越挑剔，不停地追求品质感的提升。宝洁在进行消费者调研时发现，消费者对日化产品包装的要求同样很高，对玻璃制品的做工甚至都有精确的定义：要双层玻璃，外面是透明的，颜色要素雅。或许要选择最新流行的莫兰迪色。

越来越多的人开始学习写书法、绘画，相关的器物也要典雅美丽，甚至发给老师的作业也要拍得像一件艺术品。人们去看展览、话剧，对不同影院的音响和分辨率都有自己的要求。人们在不停唤醒自己的感知，外部的商业也在不断拓展人们的新欲求。

感知阈值的提升

现在的消费者更注重跟自己的身体、精神相关性高的消费。消费者欲求和外部环境的刺激是相辅相成的，外部产品提供了更高的满足，消费欲求就持续提高，一直达到感知极限。

人们不停追求感知极限的核心是因为感知连接着情绪，每个人根据以往经历带来的感知偏好对不同的刺激产生不同的情绪。伦敦大学学院的神经美学教授 Semir Zeki 发现了负责评价"一个视觉作品美不美"的大脑区域——覆盖于眼眶之上的大脑皮层眼窝前额皮层。有趣的是，核磁共振实验发现，人对作品的美丑评价，和这个区域的活动强度有关：活动强，便认为一个作品很美；活动弱，便是丑的。

各种感官体验的叠加加强了对情绪的刺激作用，当现在的消费者选择一个化妆品牌的时候除了功能性的要求，还会审视它的包装是不是有质感，它的门店是不是和他所倡导的理念相符，甚至门店的水槽都应该表达相同的内涵。叠加的感官刺激会引起人们分泌更多令人上瘾的多巴胺，一旦刺激消失人们就会低落，所以寻找更多刺激就变成了无限的循环。

研究表明我们每天处理的信息量是 20 世纪 60 年代人们的 3 倍。外部的刺激不断地改变着我们的大脑，提高我们的感知阈值，以往新奇的刺激沦为普通，必须有更高强度的刺激才能再度激起我们的多巴胺。

因为每个时代都受到了各方面不同的影响，所以不同时代的感知阈值是有差异的，在同一个时代中，也会因为遗传和外界环境的影响有所差异，这也就是前文中提到的个体偏好不同，驱动力不同。而新消费时代的复杂性和多样性，都是消费者开启不同偏好的驱力引擎导致的，但他们都是感性引擎。

新世代消费中明显的特征之一就是"颜值即正义"，很多"90后"女生不化妆不出门了，连男生都在用口红、打粉底。为什么这代人那么看重颜值？感知阈值的提升是核心。"70后""80后"小时候还没有那么多艺术班，"90后"基本上都是从小上着各种艺术培训班长大的，他们的艺术水平均值也更高，这个审美阈值会在"00后""10后"进一步提高。

第五节　抵达人心的最后一公里

与消费者的感性、内心对话，才能做用户的朋友

对感知的不停探索是心理账户变化的初层，时代的变化使人们越来越关注自我，与自我相关的感知、价值相关的心理账户价值得到了前所未有的提升。

对于现在的年轻人来说，花钱只为开心。虽然很多年轻人的收入不高，但是他们每个月都会花 500~1000 元买衣服、包包、化妆品。钱不够怎么办？父母、京东白条、淘宝花呗都是救命良方。他们年纪轻轻，就会攒钱去土耳其、去纽约，旅费往往是自己和家里各负担一半。

同样，现在日本的年轻人有一句著名的流行语："モノからコトへ。"意思是从物品到体验。曾有媒体采访过日本年轻人的消费观念，被采访者的回答可以说非常完美地解释了这种变化："我们平成年代出生的人（富裕一代），物欲淡泊。我不想要好车、好表、西装什么的，快餐时尚就足够了。在我们看来，花钱是为了兴趣和获得经验，比起东西，我们更注重经验和体验。"

和五蕴的感知力快速提升相同，人们也在不断打破原有对感受、自我、价值的需求阈值。在新感性引擎下，所有的消费都要体现一个"我"字，"我"和"你"有怎样的链接，"你"赋予了"我"什么，"我"赋予了"你"什么，"我"和"你"有没有更长的牵绊。

品牌要由"我"一起塑造

没人再喜欢被强加的价值观，或者品牌理念。品牌是要由"我"一起塑造的，这里面要有"我"对你的认识。品牌只有与消费者的感性、内心对话，才能产生情感连接和忠诚度，才能做用户的朋友，要不然，我都不理你。为什么消费者需要连接，是因为他们需要通过外在展现内在，需要让别人通过看到外在进而看到他们的内在，他们希望看到的是被提升的、被优化的内在，是美图秀秀版本的。可以是名牌包，可以是巴黎自拍，也可以是排队买到的喜茶或者是工作坊的精致图片。什么能让他们自己感觉好，什么能让他们看起来更好，什么就会走红。

在"我"字当头的感性引擎驱动下，个体内部的所有需求都被放大了，这也正是自我价值觉醒的体现，以前觉得不需要的那部分感知正在被逐步开启。我们正在进入这样一个时代——不惜一切代价满足用户最微小的需求。事实上，最微小的需求并不一定是微小的，它就像是快递的最后一公里，它即将抵达的是人心的最后一公里。那些微小的需求其实也是靠后的需求，顶层的需求，更贴近自我的需求。只有这最微小的需求才代表今天用户意义的追寻和生活的表征。

感性自我的逻辑是人性的激活与成长

《圣经》里说："太阳底下没有新鲜事。"讲述的是一种循环的历史观。当中国面对新中产这个新族群时，美国早已经历了相同的历程。

美国心理学家发现，经历了第二次世界大战的人们，由于成长环境处在不安全的状态中，所以更重视经济稳定、政治秩序以及其他传统的物质价值，他们愿意为取得这些价值而牺牲部分个人自由。

而第二次世界大战爆发后出生的一代人却有不同的价值观，他们更愿意追求那些对上一个代际来说不那么急迫的、不那么必需的目标，比如娱乐、休闲、教育、文化、旅游以及其他更高层次的需求。

感性自我是最贴近人们内心的表达。当我们在说消费的时候，我们必须看到消费背后最深处的心理驱动根源，消费背后反映的其实是一个人的财富和自我的价值感。人们如何定义自我，如何发展自我，就会有怎样的消费。随着代际的更迭，每一代人都比上一代有更好的基础，更容易获得资源和智慧，也就更早、更愿意发展自我。

人们想要什么样的东西，背后是想成为什么。多年前欧莱雅的广告可谓经典："你值得拥有。"这句广告在那个消费主义刚刚萌生的年代是多么的触动人心，打的就是自我牌。当我们的欲求得到满足，就确立了内在的自我，如果没有满足我们就处在一种匮乏感中，我们没有得到外在的，也失去了内在的价值感和安全感。

作家严歌苓每次拿到稿费，都会带全家一起旅游，去一个城市小住。这对她来说是十分享受的事，在她的价值观里，自己花的钱也好，享受的快乐也好，必须是自己挣来的，包括爱情，也不能凭白得到。这就是她对自我价值的要求，而她的消费也在巩固着、夯实着、满足着这种自我认同。

华为任正非说，客户需求是一种逻辑学和哲学，是人性的持续激活与成长，是人类文明发展的必然趋势，客户面临的现实问题是客户需求，面向未来的科技创新也是客户需求，只是更长远一点。

著有《第四消费时代》的作家三浦展说，人们追求的是能够让人生和时间充实的消费，而不是消耗人生和时间的消费，仔细想一想对人类来说最大的消费对象就是人生，所以最终消费可以说是人生的成就，因此对于人类来说最大的问题就是如何度过人生，无论是浪费人生，以筋疲力尽毫无成果的方式告终还是度过充实的时间，带着满足感告终。

新中产消费里，买房买车会带来很强烈的满足感，但也已经不是全部。人们在建立好相对安全的底层物质基石后，需要的是一种社会连接。

表 4.1　三浦展：日本自 1912 年以来所经历的四次消费变化

时代划分	第一消费社会 1919—1944 年	第二消费社会 1945—1974 年	第三消费社会 1975—2004 年	第四消费社会 2005—2034 年
人口	人口增长	人口增长	人口增长	人口增长
出生率	5%	5%~2%	2%~1.4%	1.3% 左右
国民价值观	National 消费属于私有主义，整体来讲重视国家	Family 消费属于私有主义，整体来讲注重家庭和社会	Individual 私有主义，重视个人	Social 趋于共享，重视社会
消费取向	西洋化 大城市化倾向	大量消费 大的就是好的 大城市倾向 美式倾向	个性化 多样化 差异化 品牌倾向 大城市倾向 欧式倾向	无品牌倾向 朴素倾向 休闲倾向 日本倾向 本土倾向

消费的终极意义在于如何度过充实的人生

从更多理性到更多感性的背后发生了什么？当人们更多用理性消费时，其实内部是一种收缩感，带着对现状的不满和对未来的恐惧。当人们用更多感性决策，是一种扩张的、满足的、幸福的感受，是更多爱的能量。

有的理论认为，人们的出生制造了分离焦虑，婴儿失去了和母亲的连接，也同时失去了和更高能量的连接，被这个个体限制住了，人们在社会中努力发展着各种关系，亲情、友情、爱情，为的就是重新建立连接补偿自己失去的，减弱分离焦虑。

也正如日本作家三浦展所说："消费的终极意义在于如何度过充实的人生。"

第六节 "理性人"＋"感性人"

当我们在说新中产的时候首先是建立在一个大的假设中。经济学界认为，经济学建立在"理性人"假设的基础上，"合乎理性的人"的假设通常简称为"理性人"或者"经济人"。理性人是对在经济社会中从事经济活动的所有人的基本特征的一个一般性的抽象。这个被抽象出来的基本特征就是：每一个从事经济活动的人都是利己的。也可以说，每一个从事经济活动的人所采取的经济行为都是力图以自己的最小经济代价去获得自己的最大经济利益（源自百度百科）。

站在用户的角度，用户的每一次购买都是看似理性的，都是对自己价值最大化的，但事实是这样的吗？当帮我们决策的是个充满情绪、潜意识的大脑的时候，我们就不可能是全然理性的。

摆脱理性人的认知框架

所以，探讨今天的新中产，我们首先就要摆脱理性人的认知框架。

台湾著名神经心理学教授洪兰在她的讲座中，讲述了自己的一次购物经历。洪教授到大陆来讲学，讲学之后去旅游购物，在一个丝巾店看到了很漂亮的丝巾，这个团队中的女性都喜欢得不得了，一谈价钱，300多元，并且不再降价了，女教授们都觉得很值，决定掏钱买了。这时同行的男教授说，女教授都出去，结果男教授就把价格砍到了260元，问女教授们愿意买吗？她们都觉得非常值，每人买了好几条，女教授问男教授，为什么她们买的时候，300多元，店员就不再降价了呢？男教授就说，看你们喜欢的样子，就知道你们想买啦，为什么不卖高一点呢，因为你们的眼睛告诉了店员，店员读懂了你的心理。

再随后，他们去了一个西装定制店，男教授想定制西装，在定制店旁边有一个杭州丝巾店，女教授进去看看，看到一模一样的丝巾，经过她们轻松一砍，对方说可以200元一块，大家觉得上次有点上当，看这次又便宜了60块，就觉得很值，每人又买了几条，觉得拉平了原来的价格，心里觉得好受多了。晚上她们去看夜市，在夜市上，看到了与她们买的一模一样的丝巾，标价200元，一砍价，160元。她们瞬间觉得前面的又买亏了，于是每人又买了一批，整体价格是下降了，可是买了一大批，自己也无法用那么多，回台湾之后，她们就把买的大量丝巾送人了。

洪兰教授这样的遭遇和情形，并不是个案，每一个人基本都会碰到类似的情况。同样的用户，面对同一产品，在不同的场景，心理大不相同。比如买书，在机场我们理所当然地接受了全价，在网上买书时，就认为不打折没天理，我们并没有觉得这有什么特殊之处。如果按照理性人假设，我们一定会找最便宜的价格买，而不是接受不同状态的价格差距。

同样的产品，面对同样的人，在不同的场景，为什么价格及策略不同？企业又是利用消费者的什么心理状态呢？

洪兰教授最后感慨道："不知道价格底线，是不好谈价的，而价格的底线，用户永远是不确定的。"

在经济学家假定人是理性的时候，心理学家说，人是感性的。这个状态反映了理性人假设无法解释经济学中的很多微观现实，恰好心理学的发展，又补充了很多经济学，特别是消费经济学的不足。

而经济学与心理学等其他学科所形成的交叉学科消费心理学，正是我们今天分析新用户的理论武器。

消费心理学作为心理学的一个重要分支，它研究消费者在消费活动中的心理现象和行为规律。消费心理学是一门新兴学科，它的目的是研究人们在生活消费过程中，在日常购买行为中的心理活动规律及个性心理特征。消费心理学的学习内容包括消费者的心理活动过程，消费者的个性心理特征，影响消费者行为的心理因素，消费者购买过程的心理活动，社会环境对消费心理的影响，消费者群体的消费心理与消费行为，消费态势与消费心理，商品因素与消费心理，营销沟通与消费心理等。

消费心理学又是消费经济学的组成部分。研究消费心理，对于消费者，可提高消费效益；对于经营者，可提高经营效益（源自百度百科）。

这一定义的好处，是企业通过判断用户所拥有的，来判断用户消费的能力，通过用户潜在的消费能力，进而真正转化为可消费的消费力，企业思考这一问题的基础，都是基于对用户理性的假设。

所以，今天对"新中产"的定义，我认为应该是经济学家的理性人假设，加上心理学家的感性人定义，综合起来才能比较符合实际地描述今天的主流用户"新中产"人群，企业也才能根据"新中产"的理性人与感性人的混合体定位，正确地进行产品研发、设计、创新、传播与销售。

第七节　人性弱点是如何被企业利用的

企业与用户在人性上的巅峰对决

"在你的手机屏幕背后，有上千名工程师正试图使软件最大限度地让你上瘾。"毫无疑问，移动互联网最大程度体现着企业与用户在人性上的巅峰对决。

最初企业只是想在满足用户需求的时候挣到钱，最终为了最大程度的盈利，为了不断提高占有率、增长率，就必须抵达用户最深的情感，挖掘他们最核心的弱点。

对于这一点，游戏公司和短视频网站最深谙此道。抖音的爆红就极大利用了人性的弱点，和很多视频软件一样，抖音页面隐藏了时间显示，当人们沉浸其中，会完全忽略时间的流逝。这像极了赌场，头顶24小时的"蓝天白云"，偌大的空间找不到一处时间提示，它营造了一个独立的世界，人们可以在这里无限地生存下去，直到花光赌资。

如果说前面章节讲述的个性化需求是一种用户偏见，本身并无对错外，那么本节讲的用户心理弱点是人性的产物，是人作为生物体和基因长期进化的某种天生的本能。

人性的弱点是什么？在佛教里，叫"贪、嗔、痴、慢、疑"，在基督教里，把这种弱点带来的因果效力叫"原罪"，其他宗教中也都有类似的阐述。只有极少数人，通过后天的理性能尽可能克服掉本能的弱点，而绝大部分人都在这种本能的驱使下做决策。最会利用人性弱点的抖音之父张一鸣本人则是一个非常自律、目标非常清晰、喜欢延迟满足的人。

所谓 3 岁看小，7 岁看老。我们成长后并没有改变当初自然形成的心理框架，我们便无法改变心理框架的结构性依赖。购物作为人的常规决策，也通常被种种心理弱点所决定。

用户的心理决策框架，我们是"有限理性"的"感性人"

2017 年瑞典皇家科学院将 2017 年诺贝尔经济学奖授予美国经济学家理查德·塞勒，以表彰其在行为经济学领域的贡献。他在好莱坞电影《大空头》里客串时，说了一句很有意思的台词："如果你相信人类做事情总有逻辑可循，那只能说明你疯了。"

我们研究的新中产范本具备"理性人"和"感性人"的双重定义和假设。塞勒认为传统经济学市场有效假说理论认为的"个人在所有经济现象分析中均被假设成是理性和自利的，同时会尽可能地追求最大利益"，存在很大的缺陷。因为人们在解决问题的时候往往依靠直觉，就算人们遵循各种假设原则，也会经常犯错误，因此，理性的经济人假设太过理想化、简单化，不符合现实，他将这种现象定义为"有限理性"。

"有限理性"的"感性人"体现在哪里呢？这涉及了行为经济学和认知心理学的双重范畴。专家们研究发现，对不同来路的钱，人们会存在不同的"心理账户"中。对于工资，一个消费者有可能会精打细算其用途，但是却会大手大脚花掉中奖的意外之财，尽管这些钱的价值本质是一样的。

塞勒对此提出了"自制力缺乏"，他的研究揭示，人们通常缺乏自我控制，总是屈服于短期诱惑，让长期计划落空。塞勒设计了与心理学研究中十分相似的"计划者—执行者"模型，即解释"长期计划"和"短期需求"

之间冲突的模型：譬如选择较长时间接受教育的人在学习期间收入较低，但可以追求未来的收益，这一理论众人皆知，但是在实践方面却并非所有人都有坚持。

这一理论集中解释了人对于当下需求和未来需求之间的冲突：人有两个自我，一个是现在的自我，一个是看得较远的自我。在传统的经济学里面，一个完全理性的人，会一直考虑到将死之日，给后代留下资金。然而现实中，有可能一个人对今后不是不考虑，而是考虑得不够，一旦这种个人行为成为群体行为，若不纠正，就会出现社会问题。

我们的脑结构天生喜欢脑补

十多年前的一个下午，在临近集市的路边，一群卖桃的小贩一字排开，桃看起来都差不多，个头、新鲜度都没有明显差异，但很明显，有一个小贩前围的人更多，一筐桃都卖了大半，其他人基本都只卖了小部分。差异在哪里呢？就在同一个售卖场地，产品品质基本相同，价格基本相同，为什么销售结果却不同，差异在哪里呢？后来经过观察，我只发现了一个小的细节，就是卖得好的小贩，桃子的堆头上放了一把新鲜的桃叶，喷了一点水，绿叶娇羞带雨，仙桃肥美甘甜，让人垂涎欲滴，就像一排村姑打扮的美女，中间有一个打扮得时尚青春的姑娘，自然引起关注。人的心理就是很奇怪，你说这是一样的桃吗？当然是。你说这是不一样的桃吗？当然也对。因为人的内心决策，天然更感性，我们首先是感性决策，看美女，还没看脸蛋儿，先被对方不一样的衬托气质的打扮吸引了，等去关注脸蛋儿时，原来的衬托气质的打扮影响了我们对脸的判断，如果品质基本没有差异，那第一眼的判断便成了我们的判断。凭我们的感觉决定，装扮了桃叶的桃，我们感知它更新鲜，即使它不是真的更新鲜，但一旦我们的感性觉得它新鲜，我们的理性也会认为更新鲜，本来我们想客观分析，什么桃新鲜，什么桃便宜再决定购买，但桃叶给我们的暗示，已经深入，理性也无法更改了。

在没有充足证据的情况下，在我们都没意识到的时候，我们的脑子就完成了对产品的脑补。我们的脑结构天生就具备把些微的视觉信息整合成完整图像的能力，把一系列的完美形象投射到我们喜爱的产品身上；我们从一些小的细节上，脑补产品的各种特性，潜意识里我们希望它就是那个"Mr.Right"。

不能被利用的人性弱点，那就不叫弱点。正常利用弱点是叫创造需求，错误利用弱点叫圈套。

人性的弱点，为什么雄孔雀长得都很漂亮

很多消费目的是满足好奇心理，不甘落后。在炫耀心理诱导下的购买动机具有虚荣性，常常表现为购买名贵商品、紧俏商品和时髦商品，其购买行为具有攀比性和超前性的特点。

在动物界，很多雄性长得异常漂亮，而雌性则一般，比如孔雀。每到求偶季节，此时雄鸟的羽毛特别绮丽。常见数只雄鸟追随于雌鸟周围，并把艳丽夺目的尾上覆羽（即尾屏）展开如扇状，不断抖动，并相互摩擦而发生"沙沙"的音响，以此吸引雌鸟的关注。雄鸟为争雌还发生格斗。

人并没有逃离动物本性，很多用户天生仍然具有炫耀攀比心理，让自己更酷、更帅、更富足。

人都有哪些常规的人性弱点？这些弱点通常又如何被人利用呢？

比如只具有特殊爱好的偏好心理；比如大家买了自己跟着买的无目的性、偶然性、冲动性的从众心理；比如在自豪心理诱导下购买名优、土特产品；比如买金买银的保值心理；比如购买字画的占有心理；比如打折购买的爱占便宜心理；比如因爱面子消费会超过甚至大大超过自己的购

买或者支付能力的面子心理等等，这些都是人性固有的弱点，都是人天生就有的。

应该如何利用人性的弱点才是正确的使用姿势

这些人性的弱点，如果企业理解为用户的需求，企业就会创造满足这些需求的产品或者服务；如果企业理解为人性的弱点，企业利用这些弱点并满足这些弱点，这种心态的企业通常会滑向邪恶的深渊。

比如奢侈品的营销，营造奢华、时尚的整体氛围，让目标用户向往那种氛围，希望拥有那种氛围，希望拥有代表这种氛围、地位、圈层的产品，让用户从心理上感到满足；比如促销，天猫的"双十一"，就是运用了用户希望极大占便宜的心理，动员了庞大无比的营销资源，让参与的人都感觉占了便宜，从而造成了屡破纪录的销量。

利用这种弱点的，比如传销，就是利用人暴富的心理，在让企业获利时，损害了更多人的利益，甚至危害社会。

需要洞察消费者人性的弱点但不利用弱点。

第八节　可怕的算法——程序化控制消费者的注意力

50% 的消费决策被 APP 算法决定

现在影响消费者决策的因素也越发迷雾重重，除了我们之前讲的看得清的因素，有更多看不清或者不容易被意识到的因素大大影响了消费者决策。

数据显示，目前消费者做决策有 50% 的因素是 APP 的算法决定的。比如消费者在淘宝买东西，只要第一次输入了某样物品，过一会儿再刷新，无论是在首页的"猜你喜欢"，还是在付款结束页面都会有很多相关产品推送。而被放进购物车或者收藏的物品，会在相关位置反复推送，当消费者第一次看到一件商品对它稍有好感，经过淘宝反复推送，就开始越来越喜欢，最终达成购买。

曝光效应与适度新奇

人们发现，重复能引发放松状态和令人舒适的熟悉感。著名心理学家罗伯特·扎伊翁茨曾潜心关注重复某种刺激和这一刺激最终带来的轻微情感波动之间的关系，并将之称为曝光效应。

这种只要不断重复接触就能增加喜欢程度的现象，是一个极其重要的生理现象。倒回我们最初的原始本能，一个生物有机体对一个新鲜的事物保持谨慎态度，并时刻警惕准备逃离，是我们能够获得较大生存率的生物本能。而不断重复的曝光效应则让人们认为这种新奇事物变成了一个安全信号，安全的就是好的。

这种曝光效应甚至会激发禀赋效应，当我们对一样东西越熟悉，体验感受越多，就越容易产生归属感。禀赋效应是指当个人一旦拥有某项物品，那么他对该物品价值的评价要比未拥有之前大大增加。它是由理查德·泰勒在1980年提出的。也就是说当人们越接近拥有一件事物，就会看到越多的优点。

德国心理学家威廉·冯特通过音乐节拍器研究了刺激强度对感受的影响，冯特对实验结果的分析是，不够新奇的东西都是无聊的，而太新奇的东西则令人困惑，适度的新奇最令人愉悦。这与大脑处理信息的能力有关。所以当我们在浏览购物网站时，会看到我们熟悉的商品和从没见过的商品，而这些数据都是被网站计算后呈现的。

第九节 中产的滑落：消费硬降级与软降级

年龄较大中产的不稳定态

从某种角度讲，年纪较大的新中产财富状态的不稳定性最高，他们维系目前生活的能力是最不确定的。

新中产人群主要从事专业性或者管理工作，他们可能是体制内的公务员，可能是教师、媒体等各种专业人士，也可能是企业高层及企业主。对占据新中产消费群体半壁江山的"70后""80后"来说，各方面负担都很重，他们大多处于事业上升期，财富的累积达到一定数量级。他们中已婚人数占到八成以上，生儿育女的比例占七成，两个孩子的比例接近两成。

在城市中一孩、两孩的家庭结构势必需要至少一个老人相伴，多子女、多老人催生了这类人群换更大房子的心理诉求，所以也是改善型换房的核心人群。

因为购房、房贷、子女教育等花销较大，所以新中产对财富进项的要求非常高，一旦收入向下波动，房贷、子女费用又是不可减少的固定支出，很容易影响他们的可支配消费额度。

所以这一批人同时面临着消费升级和消费降级，是"有资产但不宽裕"的典型人群。

从最深层次讲，发生消费降级的一种可能性是真正出现了收入递减，我们把它定义为"消费硬降级"，是因为不可抗力导致短期内无法挽回的结果，使得经济上真正出现了巨大变化而影响消费的行为。

第二类人群发生的更多的消费降级属于"软降级"，是指并没有真正发生收入的明显变化，只不过因为全球、国家经济，或者消费者所在的企业本身发生了一些问题，或者说有发生问题的趋势，这对消费者心理产生了消极影响。即使消费者收入一定区间内并没有发生实质变化，但是他们的消费心理受到了降级趋势的影响。

当这类中产开始滑落时，消费理性度增加，感性度被强迫减少。

出现"硬降级"，发生的消费降级就是全面、显著的，涉及中产升级常规消费领域的，除去必须消费的领域，其他通常都会被砍掉。事实上这类事件出现的可能性并不大。

出现"软降级"的根源，是人们对未来不可确定事件的恐惧。经济没有变化，心态变了。这种情况下的消费降级是有选择性的，也是非常复杂的，消费者会如何选择？这其中就大有玄机。在这种状态下，哪些消费会最先从新中产消费名单中被剔除，哪些又会保持高消费状态？

行为心理学中的前景理论是一个决策模型，是描述和预测人们在面临风险决策过程中表现与传统期望值理论和期望效用理论不一致的行为的理论。心理学家发现人们在面对得失时的风险偏好行为不一致，在面对"失"时表现出风险追求，而面对"得"时却表现出风险规避；参照点的设立和变化影响人们的得失感受，并进而影响人们的决策。

首先，在前景理论中，"参考系"非常重要，通常我们参考的基准点就是现状，有时候也是身边人的现状——亲戚、邻居、同事，个体和群体形成了我们决策的参考系，这里面在某种程度上也有攀比效应，因为人总是或多或少地在与别人比较。

如果我们的未来结果高于以往状态，就是得到，如果低于就是失去。同样如果我们获得的高于周边人的水平我们也会感觉有所得，反之就是损失。

第二个影响消费判断的就是"对比度"，我们理所当然地觉得 900 元和 1000 元的差距，远远小于 100 元与 200 元的。

第三个原则就是损失厌恶，当我们对盈亏进行直接的比较或权衡时，亏损对我们的影响比盈利更大。积极和消极的期盼或体验之间的力量不对称状况由来已久，我们是将各种威胁处理成"危"而不是"机"的有机体。

十年前，两个经济学家在中国的一个生产车间做了一个实验，他们把不知晓内情的工人分成了两组，一组被告知如果能完成本周的生产任务，将获得 80 元奖金，第二组则被告知，本周有 80 元奖金，如果不能完成任务，将会失去这笔钱。

实验结果显示第二组的完成效果更好。为什么？在第一组看来，这 80 元是额外的收入，不一定属于我，但我可以争取得到，而在第二组看来，这笔钱已经是我的，如果我做不好，就会失去它。

虽然都是 80 元，带给人的感受差异巨大，心理学家发现，同等金额，人们失去会比得到带来更大的心理变化，也就是说人们对失去的厌恶程度远大于对得到的喜欢程度。

更进一步说，这种损失厌恶程度，不一定会完全和人们拥有的财富挂钩，也就是说即使一个人即将损失的额度相比他的财富是非常微小的，仍然有很大可能会发生损失厌恶的情况。这就是为什么人们不愿意放弃那些并不会带来多少价值的免费赠品。

当我们遇到消费"软降级"，我们的参考系就受到了周遭环境和我们过往经历的影响。相对外在的，可被看到的，身边人会受到严重影响的都有可能被新中产消费主要决策者保留下来。

滑落的新中产的主要决策者

滑落的新中产的主要决策者是谁？就是家中上有老下有小的中坚阶层，

而消费心理的复杂性就在于这是一个人性综合体，需要衡量多方面利弊作出决策。

消费决策者在缩减开支的时候，首先会考虑到这种负面的预期在最大程度上不要影响到老人和小孩，所以这两类人的相关支出的影响是最小的。

孩子的教育经费是肯定不能影响的，那么相关的衣食也都要有相应的保证。为了不改变整个家庭欣欣向荣的氛围，以往的全体娱乐活动也都要尽可能地保留下来，比如寒暑假的旅游等等。禀赋效应是指当个人一旦拥有某个物品，那么他对该物品价值的评价要比未拥有之前大大提高。当消费者没有养成假期出门度假的习惯，没有感受到这种习惯带来的幸福感时，他尚未拥有，所以是否得到都是被允许的。但当他们养成出门度假的习惯，如果一旦被剥夺，他们放弃旅游的不适感远远比从未出门旅游的时期未得到的不满足感强烈得多。

那么什么样的消费会紧缩，就是关于中坚阶层的升级性消费，"少买一条裙子""西服就再多穿一年""中意的包包就等到经济向好的时候再买吧""两三百元的面霜其实也很好用了"，诸如此类。

第五章

品牌、产品与用户
三体合一时代

导言　重构品牌、产品与用户的关系

　　旧的商业世界正在坍塌，新的商业世界正在重构，在商业进化与变革过程中，品牌的属性发生了哪些变化？我们又应该如何认知今天的品牌资产？

　　在新的商业逻辑下，我们应该如何理解产品属性？产品与品牌应该建立怎样一种关系？这种新关系在面对新中产用户时，又该如何互动？

　　星巴克CEO谈到星巴克时说，星巴克的品牌是由"星迷们"建立起来的，不要跟产品谈恋爱，而要跟产品能为用户带来的价值谈恋爱。

　　很显然，正因为星巴克重构了品牌、产品与用户的关系，星巴克才能在全球独树一帜，成为市值高达900亿美元的令人尊敬的企业。

　　星巴克能否代表未来营销发展的逻辑？星巴克固然是一家老公司，但星巴克一直是咖啡连锁店时代的异类，总是引领或紧跟市场形势，星巴克的营销思想可以代表新未来，因为物理的、信息的、心理的三个商业边界消失后，品牌、产品与用户之间的边界也在消失，进入三体合一时代，而星巴克正是塑造"三体合一"的成功典范。虽然这是一个全新时代，但回归商业本质，一个企业要在市场立足，需要更懂用户需求，推出用户喜欢的产品、认可的价格，以及更好的用户体验所引发的更强的品牌影响力。商业的本质无关新旧时代，只要是立足未来的企业，都需要面对新的商业变化。只有打造适应未来的品牌、产品和用户体系，才能在未来的竞争中建立牢固的商业基础。

第一节　重新定义品牌

品牌是产品与消费者形成良性关系的结果

关于品牌，营销界中长期流传着这样一件众人皆知的轶事：美国可口可乐前董事长罗伯特·伍德鲁夫曾说："只要可口可乐这个品牌还在，即便有一天可口可乐的全部工厂在大火中化为灰烬，那么第二天早上你会看到商界的头条新闻一定是各大银行争着向我们贷款。"罗伯特·伍德鲁夫用一个颇有说服力的假设，表达了对可口可乐强大品牌效应的自豪，即便工厂没了也不用担心，只要品牌受欢迎，产能很快就能恢复。

但这里有一个前提，就是产品与用户所形成的关系没有被摧毁，品牌与用户接触的界面没有被摧毁。与用户所形成的关系链中，工厂并不是一个重要的角色，正是因为用户不关心工厂，所以才有代工的存在。罗伯特·伍德鲁夫为了强调可口可乐的品牌价值，其实是换了一个概念，将工厂和品牌作了某种程度的等同。如果可口可乐的品牌信用被摧毁，会有各大银行争相贷款的盛况吗？

罗伯特·伍德鲁夫的观点间接地说明，传统品牌作为一种无法量化的无形资产，包含了诸多虚拟的价值，对企业的生存、发展和竞争起着至关重要的作用。这也是为什么世界上所有的企业，尤其是为消费者提供直接消费品的企业，都有一个"挥之不去"的品牌梦！

对品牌的理解，站在不同角度有不同的理解。

从企业方或品牌拥有者的角度看，品牌是一种由企业价值观所统领的一系列的独占性的商业符号与隐形价值，但首要的是符号系统，因为符号系统是消费者认知品牌的界面。如果这一符号系统被足够多的消费者所认知，并且认知阶梯性上升，达到满足用户的感官刚需和心理刚需，并能进而满足用户个性化的人性需求，那么就能给品牌拥有者带来资产上的增长，因为品牌既减少了与消费者沟通的成本，也带来了产品的溢价。

从消费者的角度理解，当消费者认定一个品牌是品牌的时候，意味着消费者心中对这个品牌的认知，与企业所塑造的品牌价值观与符号体系形成了一种心理上的共振状态，购买和使用这个品牌的消费者"所有个体的共振"形成了这个品牌的无形资产。从这个意义上说，品牌并不完全属于企业，虽然企业塑造了品牌，但只有品牌价值与消费者形成内心共振并产生消费行为时，品牌才真正体现出价值。

所以，离开消费者谈品牌，就像空中楼阁。没有足够多消费者的支持，品牌就建立不起来，只会是企业方或营销主导方的一种主观臆想。

第二节　品牌进化后的三大变化

对品牌的认知随时代不断进化，时代的进化也会反向影响企业对品牌的打造，就像可口可乐不断地调整其口味，包括近几年对饮料瓶个性化的塑造，体现了传统企业在品牌塑造上也在顺应时代变化和消费者需求的变化；同时，时代的进化和消费者本身的不断迭代，消费者本身也具备了时代属性，比如我们曾经认为强大无比的日化品牌宝洁，在面临"90后""00后"用户崛起时，宝洁引以为傲的营销策略和产品定位逐渐失效，其品牌调性甚至成了年轻用户摒弃的理由，认为宝洁产品是"奶奶级"产品，不属于他们时代的产品，这就导致宝洁近几年销售额持续下滑。数据显示，2013财年—2017财年，宝洁全球净销售额分别为739亿美元、744亿美元、707亿美元、653亿美元、651亿美元。最近两年下滑更加明显，在经营压力下，宝洁已经从巴黎泛欧证券交易所退市。

曾经营销界教科书般的企业，也是很多企业和营销人膜拜的对象，为什么短短几年就成了反面教材，成为没有洞察市场变化，固守成见的企业代表？

宝洁CEO大卫·泰勒曾经慨叹中国消费者是世界上最挑剔的消费者，其实他只是错估了中国年轻用户消费心理需求的变化，从而错判了中国市场。

我们知道，宝洁公司的常规做法，就是通过大规模、标准化的产品投放到市场，精耕终端，一个产品对应一个消费群体，比如去屑的海飞丝、强调柔顺的飘柔、强调小资的伊卡璐，然后通过海量电视广告来传播。但时代变了，用户变了，触达用户的方式也变了。由互联网技术驱动的整个商业底层逻辑的变化，使得宝洁所构筑的竞争防火墙出现坍塌的迹象。从传播角度讲，触达用户的媒介途径已经是新媒体而不是电视，央视或卫视"一枝独大"或"几枝独大"的大流量入口时代已不复存在。从消费者需求讲，宝洁这一过去持续闪光的品牌，其因循守旧和高高在上的骄傲形象是年青一代用户"不买账的"，他们个性的张扬，产品选项的丰富与多元，都为宝洁走下坡路埋下了伏笔。

说到底，就是停留在过去时代的品牌形象与今天的新用户之间并没有形成新的良性互动关系。

曾经强大无比的宝洁所呈现的疲态和颓态是传统品牌变革过程中的个案吗？显然不是，宝洁代表了一大批传统品牌在新时代商业逻辑下的不适感，而能不能适应未来，是传统品牌生存或者死亡的大问题。

那么，新时代的品牌到底呈现出哪些独特变化呢？我认为主要有以下三大新变化：

第一个变化是品牌产品化。

在传统的商业认知中，实物产品才叫产品，虚拟产品不是产品，服务也不是。但在互联网企业中，产品经理是最重要的职位之一，负责互联网产品的计划和推广，以及互联网产品生命周期的设计。

比如一个商业网站的产品经理，需要提出网站的需求方案及运营策略的可行性分析；网站的具体内容，商业变现形式，日常运营与维护；用户界面管理；网站的各种数据反馈，用户需求反馈等；连接技术部、编辑部等各种部门，完成网站的开发运营及维护等，还有行业发展趋势，竞争对手分析等。特别是下面单独强调的用户体验更是产品经理的核心关注点。

一个互联网的产品经理，就是一个整体架构师，关注的是与用户接触的方方面面及支持系统。

所以从一开始，互联网的产品观就与传统企业的产品观迥然不同，是一套以用户为中心，以用户体验为思考基础的包含诸多要素的系统产品观。互联网的产品观，也开始逐渐影响到传统企业对产品的认知，开启了与消费者连接的新方式，传统的消费者也开始转变为新时代商业语境下的用户。

我们曾称腾讯创始人马化腾为最大的产品经理，他特别强调："只有做好了产品，才有往下走的可能。"

系统的互联网产品观，极大地扩张了传统行业产品的新内涵，内涵不断深化极大地影响了各行业的产品理念。于是，我们接触到所有产品或服务，都可以定义为产品，这种定义与过去有很大的区别。根据语义学的逻辑，社会上大多数人对一种事物称呼的变化，反映了现实中的事物确实也发生了变化。这种将所有产品和服务统称为产品的现实说明即便是普通消费者，也都具备了互联网思维的产品观。

也正是因为产品观的泛化与内涵的深化，导致用户对品牌的理解发生了变化，产生了属于新商业时代的品牌观。原来可能属于品牌认知的范畴，在新时代下成了产品的范畴，或者说，关于品牌的新认知，就是品牌产品化。

比如爆款产品的打造，几乎每个企业都希望有一款爆款产品能够"打遍天下无敌手"。爆款思维的基本逻辑是，通过一个性价比足够高的产品去吸引足够多的用户，无论是线下的实体店还是线上的专卖店，或是其他的任何消费场景，这个产品能起到聚集人气、引流的作用。真正的爆款产品能够实现大范围传播，并引发消费市场的跟风效应，也就是说爆款产品本身已具备了媒介的属性，爆款产品的现象在互联网时代前甚至在工业时代刚刚起步时就已存在，最典型的就是福特 T 型车，福特 T 型车是 20 世纪前期汽车市场的爆款产品，正是这一款产品开启了"福特"这一汽车品牌的辉煌时代。

在卖场里面，通常做促销活动的时候，比如"双十一""6·18"等，也采用爆款产品来引流，通过爆款产品，将线上和线下的用户吸引到店面，再通过其他新增加的品类和附加值高的产品来获取整个客单价的提升。

爆款产品的运营模式成了系统的打法，本身就是品牌认知变化的结果，通过对产品的系统化运营，直接起到了塑造品牌的结果。

第二个变化是品牌体验化。

在传统的商业认知中，品牌与用户的关系通过实物的交易来完成，双方更多的是一种交易关系，通常都是单向的，品牌企业提供产品，用户消费产品，品牌与用户的接触界面，就是一个交易界面。宝洁最近几年销量的下滑，就是传统品牌认知与当下品牌认知无法衔接的结果。因为品牌与用户的关系，已经不单单是交易关系，还有用户对发现、购买及使用产品过程中的体验感。

用户体验是互联网企业产品经理最关心的，互联网企业极度重视用户体验的理念深深影响了传统品牌企业的用户体验。

今天，很多人称腾讯创始人马化腾为最大的产品经理，他死死盯住的就是腾讯产品的用户体验，业界谈"用户体验"最多的也是腾讯，马化腾在一次演讲中，谈到腾讯的用户体验时说："我也一直在强调。看到同一个痛点的人很多，最后跑赢跑输，取决于你早期有没有站在用户角度把体验做到最好，做到极致，通过产品与用户的心灵对话。怎么通过用户体验打动用户？这非常关键。很多创业者浅尝辄止，产品做到一半，就交给下属，精力转移去管别的'大事'。但回过头看，其他'大事'都是小事。最重要的就是产品体验能不能打动人，这就是最大的事，比一切事情都大。"

品牌体验化将会是21世纪品牌发展最重要的趋势之一。品牌体验不仅包括顾客个体对品牌与用户间所有交互界面产生回应的个别化感受，也包括更深层次的心灵体验，也就是说，品牌体验是顾客在认识品牌，选择品牌，购买品牌产品，一直到不断购买品牌产品的过程中的所有经历、感受以及心理认知。所以，品牌体验基于产品与服务，但远远超越产品与服务带给用户的感受。

最近，一位出版界的专业人士告诉我，传统实体书店的图书销量在2018年持续大幅下滑，网络书店销量已经占据了整个图书销量的80%以上。但是，一些新型体验式书店的规模却在扩张，比如一个叫西西弗的连锁书店，很多地方的店面人潮涌动，很多大人小孩坐在地上看书、挑书。

西西弗书店于1993年8月8日诞生于遵义，是一家20多年的老牌书店。在传统书店营收大幅下滑、不断关店的大形势下，这家书店却不断迭代购书、阅读及生活体验。截至2018年12月，西西弗在全国60多个城市拥有近180家实体连锁书店，180家意式咖啡馆，超过350万活跃会员。

创办人说，西西弗可以叫作草根书店，也可叫作对话书店，和文明史上的著作，和在这里工作的每个人，和到这里的每个人，和你所处的区域，也包括你自己进行对话。"参与构成本地精神文化，助益人们生活成长事业"是西西弗的店训，也是他们的企业理想，用人性化和亲和力去塑造公众影响力。于是西西弗更像一个媒体，它影响了进入它和路过它的很多人的生活。作为独立书店，能否在保持个性的基础之上寻求商业上的可持续性？西西弗的主人相信并实践着这种可能性。"它是一个有限的范围所作的有限的理想主义的经历。"创办人说。

资深时尚媒体人魏无心曾评价说："西西弗书店就是我们理想中书店的模样，精致而不刻意，舒适自然，让人可以毫无压力地待上整整一天。"

哥伦比亚大学商学院教授伯恩德·H.施密特在其《体验式营销》中将体验分为感觉、情感、思维、行动、关系五种类型，即SEMs（战略体验模块）。他认为交流、信誉、产品、品牌、环境、网络和人员构成体验战术工具，每个战术工具的运用都可以和 SEMs 的五个层面进行组合。

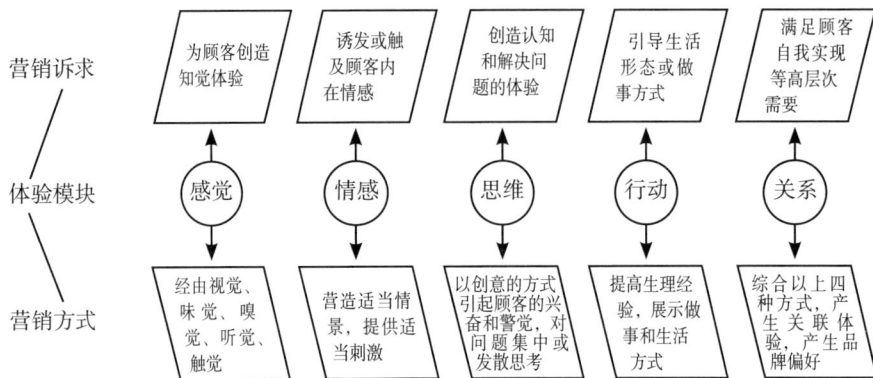

图 5.1　施密特提出的 SEMs，即战略体验模块

施密特教授提出的 SEMs（战略体验模块）为实施品牌体验指明了方向，即按照消费者心理认知过程，从感觉、情感、思维、行动和关系五个层面来提供体验。

感觉：品牌体验要给消费者全面的感官刺激。如果消费者的视觉、味觉、嗅觉、听觉、触觉不时受到刺激，那么他们的感受将更深刻。像哈根达斯在冰淇淋大厅准备样品让人们品尝，宝马赞助的网球与高尔夫巡回赛为人们提供试车的机会，衬衫制造商托马斯·平克的商店里充满了亚麻织物的气味，装在金色或铂金容器里的机油让人感觉比放在蓝色或黑色容器里的机油品质要高，这些都是感觉体验的成功运用。

情感：在这一层面，要使用情感刺激物（活动、催化剂和物体）引出一种心情或者一种特定的情调，来影响消费者的情绪和情感。星巴克咖啡店堪称提供情感体验的典范。起居室般的家具摆设、典雅的色调、清雅的音乐、热情的服务、浓浓的咖啡香味、嘶嘶的煮咖啡声，这一切让每一位走进星巴克的顾客无不体验到优雅、安静、和谐、舒适与温馨。

思维：以上两种体验都是感性上的，而思维体验则是理性方面。它要启发的是人们的智力，创造性地让人们获得认识和解决问题的体验。它运用惊奇、计谋和诱惑引发顾客产生一系列统一或各异的想法。比如微软"今天你要去哪里"的宣传，目的就是启发人们去理解"计算机在 20 世纪 90年代对人们的意义"。

行动：人们的主动参与将会获得更深刻的感受。在此阶段，品牌体验要通过吸引人们主动参与，提高人们的生理体验，展示做事情的其他方法和另一种生活方式来使品牌成为人们生活的一部分，像耐克家喻户晓的广告："Just do it." 潜台词是"无须思考，直接行动"，颇具煽动性。

关系：品牌体验的最终目的就是要使品牌与消费者结成某种关系。要建立关系必须对消费者有深刻的了解。先要找到他们的动心之处——他们生活的一部分，能够表现出自我观念和认同；其次，把其当作一个个体而非群体来了解品牌是如何与消费者的自我观念和生活方式发生联系的；最后要观察消费者的价值观、信仰、行为、兴趣和所拥有的物品。像哈雷摩托车车主们将哈雷的标志文在胳膊上或全身，哈雷摩托已成为车主生活的一部分，象征着一种自由、洒脱、叛逆的生活方式。正如《纽约时报》写道："假如你拥有了一辆哈雷，你就成为兄弟会一员；如果你没有，你就不是。"

品牌体验是在"全面体验消费模式"这一大背景下产生的。央视调查咨询中心结合多年来在消费者研究领域的成果提出了中国消费市场十大趋势之一就是"全面体验消费模式"，认为进入 21 世纪消费者对产品和服务的要求将不止于功能上的满足。

第三个变化就是品牌、产品与用户的三体合一。

站在企业的立场，21 世纪的品牌思考与运营，已经不能割裂品牌、产品与用户，而是需要将三者合体进行思考。在这一趋势的影响下，产品、品牌与用户体验在未来的联系更加紧密，产品即品牌，品牌即产品，用户体验是品牌，也是产品，我们可以将这个时代称为品牌、产品与用户三体合一的时代。正是因为三体合一的趋势越来越明显，所以对品牌和产品的理解方式也发生了很大的变化。

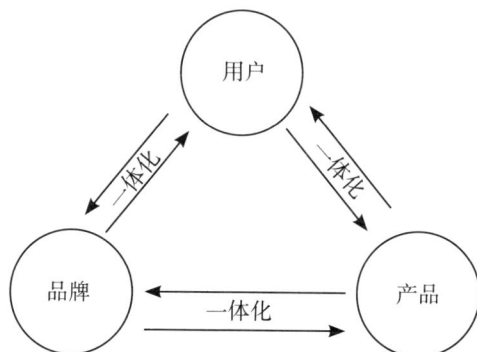

图 5.2　品牌、产品、用户的三位一体化

过去产品和品牌基本上是分离的，塑造品牌时，企业通过大量的广告投放或聘请第三方进行公关活动，来形成品牌的大面积传播，通过传播，提高品牌在消费者心中的知名度，从而拉动销量提升。但是到了今天，企业完全可以通过技术识别系统和大数据对用户属性进行画像和描述，消费者通过各种场景对产品（服务）直接体验和接触，企业与用户互动过程中销售了产品，同时也会形成品牌的传播，形成三体互动的新时代。

需要注意的是，三体互动的基石，仍然是包含了品牌要素和用户要素的产品或者服务，这一颠扑不破的道理无论在什么时代都关系到品牌的生死存亡。

尤其是在今天这个资本助推的移动互联网时代中，我们看到了不计其数的品牌异军突起，也看到了不计其数的品牌昙花一现。尤其是那些完全基于互联网思维品牌，例如 2018 年迅速倒下的锤子手机，几乎是倾尽全力打造品牌的知名度，虽然一时间也曾声名鹊起，但是恰恰败在了产品上。

第三节 超越传统品牌竞争

重新审视定位理论

过去很长时间内，大家都是信奉经典的市场营销学，而经典市场营销学的起点就是消费者洞察。背后的逻辑是，产品越来越多且绝大部分都同质化，这么多相同的产品消费者无从选择，只有让消费者感觉到差异，才有可能赢得竞争。但同质化不是一个从产品端轻而易举就能解决的问题，这就诞生了定位理论，认为不需要本质上进行产品的差异化，而是通过对消费者认知的管理，使得"在预期消费者的头脑里给产品定位，确保产品在预期消费者头脑里占据一个真正有价值的地位"。

正是在这一背景下，过去很多企业的常规打法是在某种品类中塑造一个品牌定位，只要在消费者心中占据一个定位，就能获取一个比较有利的市场份额，比如过去人们津津乐道的脑白金和六个核桃等。但是在今天这种零边界逼近的商业生态下，按照过去的定位理论，很难进行品牌的成功塑造。本质上，定位理论是建立在前互联网时代的市场特征下的，因为消费者在品牌传播中是孤立和被动的，企业可以运用心理战术和大规模媒介投放去塑造品牌，进而掌控消费者的认知，实现最有利于竞争的市场地位。但是，随着移动互联网的到来，人与人之间的连接成本大幅降低，并且媒介渠道已经形成碎片化的分布格局，品牌很难通过集中发力俘获消费者内心的认同，所以很多人说，定位理论失效了，或者正在走向失效的边缘。

其实，任何事物的失效都是逐渐的，并且是有前提的，在互联网的红利期，定位理论并没有完全失效，在行业中争第一还是非常高级的战略选择，然而，随着最近几年互联网红利的消失，尤其是最近几年经济形势突变，企业才陡然发现，这个第一竟然来得快去得也快，更奇怪的是，投入了那么多资源，花钱打了那么多广告，除了库存并没有沉淀下什么对品牌有益的东西，也就是说定位理论给企业带来了更多的"沉没成本"。

在定位理论逐渐失效的同时，很多营销界人士也产生了一种更为极端，也比较荒谬的观点，认为未来零边界的商业时代不再需要品牌了。其实，今天不是不需要品牌，而是更需要品牌，因为在未来，消费者或处于移动终端的方寸之间，或处于其他多种形式的交易场景中，没有品牌认知，消费者更难找到你。也正是因为如此，互联网发展到今天，我们会发现，那些纯互联网基因的产品，未必比那些过去是纯线下的品牌到线上引流更有效。

所以说，零边界并不是不需要品牌，而是看待品牌的方式变了。零边界时代进一步降低了品牌的沟通成本，另一方面，也增加了品牌洞察消费者的难度。

品牌扮演流量入口功能

大家在谈互联网思维打造产品的时候，都避不开流量入口这一首要问题，这也是互联网商业发展永恒不变的话题，谁掌握了流量的入口，在这方面成为不可撼动的巨头，谁就能够在此基础上抢夺用户进而建立自己的商业生态。最典型的就是 BAT，分别靠信息流量入口、商业平台流量入口、社交流量入口成为互联网巨头。最近几年流行的共享经济，本质上也是为了绕开既有巨头垄断，另辟途径获取新流量。

互联网发展到今天，流量红利期基本宣告结束，到最后当所有获取流量的新手段和新模式都失效的时候，大型平台流量也好，各种其他商业模式的流量也好，到最后流量的入口只能集中在品牌本身，也就是说品牌自身所产生的魅力自带流量：忠实于品牌的第一批用户，和这一批用户对品牌扩散而延伸出新的用户。品牌本身就成为一种流量入口。

品牌超级脆弱

世界上并不存在完美的品牌，对于一个品牌而言，本质上就有脆弱的一面，为什么今天的品牌不是脆弱，而是超级脆弱？因为过去我们处在一个信息相对封闭的状态中，消费者之间的信息不太通畅，某些地方或者某些环节发生问题的时候，不至于使整个品牌崩塌。但是在今天，在这种万物互联，人与人之间没有连接障碍，人人都是自媒体的时代，品牌塑造起来非常艰难，但维系一个品牌的忠诚度却非常脆弱。这就是为什么今天像 ofo 共享单车这样的公司，一旦产生信用危机，就会以惊人的速度传播，进而引发挤兑和踩踏的效应。我们也看到，由于意大利著名品牌 D&G 的辱华事件，导致其产品在国内全部下架，俨然成为过街老鼠，人人喊打的对象。

在家装行业中，这一现象更为普遍和集中，因为家装是一个重服务、重体验，更多是凭口碑生存的行业。如果说某个区域的消费者集体"被坑"，就会影响到全国各地所有用户对这个装修公司的信任。一旦丧失信任，就会去集体声讨和传播这种负面口碑，更有甚者，会组团去讨回原来的装修款。因为装修的客单价相对大，一旦形成挤兑效应，装修公司资金链就会迅速断裂，破产就成为一个必然事件，基本再也没有机会重回舞台中央。这就是今天为什么一些一二十亿甚至几十亿的装修企业，比如苹果装饰，一旦陷入危机，最后都无法挽回，走向衰败。

在我的上一本著作《未来商业模式》中曾谈到同仁堂，当时用同仁堂"炮制虽繁必不敢省人工，品味虽贵必不敢减物力"的祖训说明品牌信用的重要性，但是今天的同仁堂也遭受了很大的品牌危机，源于其"蜂蜜门"的曝光，在同仁堂整个产品中，蜂蜜业务仅仅占了很小的一部分，对其总的业绩影响甚微。但是，因为消费者是冲着"同仁堂"的品牌去购买商品的，引发了广大网友对百年老店的质疑和反感。

所以说，在今天这个零边界的消费者主权时代，危机随时随地都会出现，一旦引发信任危机很难像过去进行公关，施展所谓的"封口费"，你能堵住几个人或几家媒体的嘴，却堵不住悠悠大众的嘴，在这个人人都可以"口诛笔伐"的时代，一个品牌出现危机想要挽回是很难的，甚至说根本就没有机会。

塑造品牌时难以找到用户，品牌崩塌时所有人都是你的敌人。

品牌必须不断奔跑，否则自行衰退

今天，每一个身处市场竞争中的企业都会有一种巨大的危机感——因为在今天，信息高度发达，技术迭代加速，用户需求变化之快都是史无前例的，如果品牌不能与消费者的真实需求进行真实和有效的匹配，那么产品很快就会被市场淘汰，在今天，没有侥幸，也没有永远的第一，甚至也没有对错，一旦消费者没兴趣了，你就会被遗忘掉。

我们看到各个领域的产品和服务，如果没有快速跟上用户的进化，很快这些就会被淘汰出局。所以在今天，不进化就意味着衰退。如果品牌本身不自己去主动积极地进化，想一招鲜吃遍天下是不可能的。就连取得移动互联网第一张船票的马化腾都感慨和自问："包括微信，没有人保证微信是永久受欢迎的，因为人性就是要不断更新，可能你什么错都没有，最后就是错在自己太老了。怎么样顺应潮流？是不是没事把自己品牌刷新一次？”

所以，在今天这个变化太快的商业环境中，我们必须不断奔跑才能留在原地，如果奔跑速度不够快，即使在奔跑也会衰退。品牌也一样，必须自进化才能跟上时代的脉搏和节奏。如果品牌更新跟不上时代，就会逐渐形成一种自然的衰退，直到品牌寿命在毫无意识的那一刻戛然而止。今天的宝洁，就是品牌的奔跑没有跟上用户的迭代，曾经如日中天，看起来不可战胜的日化品牌，也不可避免地走向了销量大幅下滑之路，并且还没有找到停止下滑的良方。

背后的逻辑很明晰，在前互联网时代或者互联网时代，传统的产品研发是一个线性过程，通过线上或线下进行消费者的抽样调研，逐步开发出能够适应市场的产品，尽管这样，有些产品还是慢了半拍，服装行业最明显。但是在未来零边界竞争的场景下，企业供应链前端的所有的研发、生产及后端的渠道、物流和终端，都将围绕着消费者时时地进行互动和交互，如果品牌不能快速地、直接地和消费者进行共创，进行产品的快速迭代，很快就会被竞争市场甩出去。

从感知到连接：重新定义品牌资产

为什么要重新定义品牌资产？

对品牌资产的定义不同，塑造方式便不同。而对品牌资产的定义，是与时代背景、用户心智变迁、技术变革等要素紧密相关的。

过去关于品牌资产评估的方法有很多种，但由于品牌对企业来说是一种抽象的虚拟资产，体现给消费者的是一种感觉、一种理念或一种认知，所以无法具体计算，再加上品牌本身不是一个静态的不动产或可以量化的动产，而是随着市场环境、消费心理而不断变化的，所以评估起来难上加难。

但是，今天，我们应该用什么方式来重新定义、评估品牌资产？风险资本过去衡量互联网创新企业的估值时，有一个最重要的维度，就是用户数的多少，每一个连接的用户，就代表了一份资产，这个资产，直接与公司的估值有关。传统的品牌企业，过去在评估品牌资产的时候，通常都没有条件来衡量用户数，虽然知道购买产品用户的数量，但这些用户都是一次性交易，并没有跟用户发生持续、长期的连接，也就是说，企业的品牌资产，并没有这一维度。

在零边界的底层逻辑下，对任何一个品牌来讲，都需要与用户发生广泛的连接，官方网站、双微以及 APP、小程序、H5、微视频、网店甚至某些广告的精准投放。这些连接又都是可以数字化的，所有连接方式的总和则决定了品牌的价值。也就是说，今天的技术，已经可以对品牌资产做一个相对具体、可以衡量的数字化估算。连接越多、连接越久，价值越大。

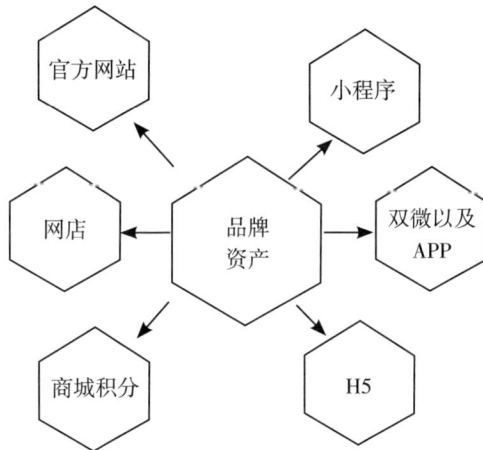

图 5.3　未来品牌资产是与用户发生的广泛连接

也就是说，随着技术发展的深入，尤其是 5G 时代和 AI 时代的到来和展开，消费者决策方式将从仰仗"品牌感知"转化为"数字连接"，品牌存在的价值和估算方式将发生根本性转变。原来只是品牌的消费者，但今天消费者本身变成品牌的一部分。在产生了连接的基础之上，企业如何维护这些用户，如何运营这些用户，如何通过这些用户不断地产生口碑，这样就将用户变成了资产，那这个品牌的运营就变成了用户流量的运营。

用户数量与连接数据，就是新时代品牌的核心资产。

第六章

渠道再定义：
效率、数据、交互与基础设施

导言　伟大的渠道变革运动扑面而来

产品如何与消费者产生直接接触？当然是通过渠道。过去，我们所说的渠道，就是销售路线（商流）和流通路线（物流）的结合，厂家产品通过一定的网路（直销、分销或代理）流向不同区域的终端市场，与消费者"见面"进而达到销售目的。在今天看来，这个问题却有五花八门的答案，因为产品触达用户的路径已不局限于单一或几个渠道，而是随着技术的迭代和用户消费场景无处不在，呈现出分散化和多元化。

可见，渠道是随商业环境不断发生变化的。比如手机市场的渠道变化，就见证了一批手机企业的兴起和衰落。

功能机时代在此不表，我们简单回顾一下智能机时代的企业兴衰。早在2013年左右，3G/4G运营商渠道换机热潮的时候，我国手机产业就形成了"中华酷联"四大主流厂商，即中兴、华为、酷派、联想，但是到今天为止，除了华为能够参与竞争，其他三个品牌不是奄奄一息就是在市场上消失得无影无踪。

另一个需要关注的对象是2011年创办的小米，小米运用互联网思维"粉丝营销"驱动，单点强势突破，迅速成为手机行业的一匹黑马，在2014年销量成为国内市场中国产品牌第一，从零开始到行业第一，仅3年时间，创造了手机行业的成长奇迹。但是，到今天为止，缺乏广泛渠道支撑的小米，后继乏力，销量也出现大幅下滑，在2016年更是跌出手机市场前五的行列。

再看OPPO/VIVO这匹"一体两翼的黑马"，将"深度分销"这一中国特色的传统营销方法玩得炉火纯青，凭借多年的线下精耕细作，形成强大的渠道掌控力，迅速在广阔的三、四线市场崛起，完成了"农村包围城市"的壮举，并借机进军一线市场。

再回过头看小米。得到教训的小米，在雷军的强力主导下，通过产品创新，运用互联网思维及线上电商的运营效率，快速开设线下体验店小米之家，迅速从谷底反弹，一年多后的 2017 年，小米手机再次重返全球销量榜前五，创造了手机行业衰落谷底后再次崛起的奇迹，但后续能否获得超强增长前途并不明朗。

手机行业的渠道变革并非个案，其他行业的渠道模式也在加速变革。

这场全行业的渠道变革就像一场追逐用户的比赛，只有万千目标，没有终极赛道。在你认为凭双脚就可以触达用户时，旁边的人正骑着自行车，哼着小曲奔用户而去；骑自行车的人刚得意没多久，一个开着小车的人，经过你的身边，猛踩油门，绝尘而去，只留下背影；开小车的人以为领先而洋洋得意时，时速 350 公里的高铁，呼啸而至；在我们以为只有地上的工具时，天上的飞机已凌空而起。

理念创新、工具创新、各种资源涌进，各种基础设施争相赋能，各种力量踊跃参与，一场伟大的渠道变革运动扑面而来，猛烈、急迫、纷乱而残酷。

这是一场被用户倒逼的渠道变革，是一场被技术驱动的渠道变革，是一场被重新定义的渠道变革，也是一场被模式创新颠覆的渠道变革。

第一节　渠道变革是一场系统的
营销思维革命

所有的变革，首先都应该是一场思想革命

所有的变革，首先都应该是一场思想革命。渠道变革也不例外，渠道是整个营销系统中的重要一环，如果不对老旧的营销思维进行系统革命，就不会在渠道变革上有所建树。

我们先来梳理一下我国的渠道发展史。在改革开放前，我国实行的是计划经济，所有的产品、所有的流通都在计划统筹范围之内，生产多少，分配给谁，分配多少，都有定数。虽然那时有供销社，村里有代销点，但在计划经济思想的框架内，是不需要思考渠道体系的，因为在这个从上到下的体制性渠道中，没有任何的创意与竞争，消费者也是被动等待而没有选择的余地，完全没有我们今天习以为常的营销观念，甚至连推销的概念都没有，也不需要。

改革开放后，西方的营销观念进入中国，90年代达到高潮，其中最为著名的是4P营销理论，美国营销学学者杰罗姆·麦卡锡教授在20世纪60年代提出"产品、价格、渠道、促销"四大营销组合策略即为4P。杰罗姆·麦卡锡的这些思想被现代营销集大成者，被誉为"现代营销学之父"的菲利普·科特勒吸收，在其教材式著作《营销管理》里得到体现。作为西方营销学思想集大成的著作《营销管理》，更是被奉为营销学的圣经，是

世界范围内使用最广泛的营销学教科书，该书成为现代营销学的奠基之作。

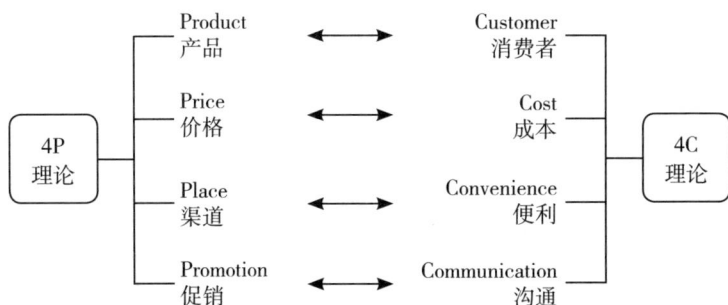

图 6.1　从 4P 理论到 4C 理论，营销思想的底层逻辑没有变

　　以《营销管理》为代表的西方营销理论，极大地提升了中国营销人的理论水平，在中国史无前例的企业发展实践上，指引了中国企业的营销发展，在营销实践的各个节点上，都爆发了营销大战，比如广告大战、价格大战、传播大战、质量大战、品牌大战、渠道大战等，这些阶段性营销大战成就了很多企业，也让很多企业折戟沉沙。

　　往后的营销理论，虽然在 4P 的基础上增加了很多要素，也诞生了颠覆性的整合营销传播——4C（消费者、成本、便利和沟通）营销理论，但我认为，营销理论的发展仍旧没有逃脱营销 4P 的理论思想框架，特别是在底层的逻辑上。

雷军小米模式是中国营销的一道分水岭

　　中国的营销实践和思想革命，在什么节点上与过去有了本质的不同？我认为雷军运用互联网思维打造的小米模式是一道分水岭，而马云的新零售思想，则把中国营销革命推向了新的高度。

　　再回过头看渠道由哪些要素构成？美国营销协会（AMA）对渠道的定

义是：公司内部的组织单位和公司外部的代理商、批发商与零售商的结构。这个定义从组织上对渠道做了描述，也仍然是今天绝大部分传统企业的渠道结构。如果按照这样的框架，以用户的角度来看，渠道又是什么？那就只有两个要素了，借用互联网的说法，一个要素是与用户交互的界面，也可以叫零售界面。互联网的"交互"二字，很好地阐释了企业产品与服务系统与用户的互动关系，互动关系背后的变革，就是未来零售的变革方向，所以"交互"二字，也将今天的零售与过去的零售做了最直接的一个区隔；另一个要素是支撑这个交互界面的运维系统，也叫支持系统，用新的理念、新的技术、新的立场、新的模式对运维系统的变革，便是渠道革命的另一层意义。

第二节　重新定义电商，重新定义线上线下

曾经，电商开辟了与传统渠道体系迥然不同的零售渠道，通过互联网创造了线上渠道模式，获得了快速发展。我们过去将线上零售称为电商，线下的称为线下渠道。

由于线上和线下是割裂的，当时我们构思进行线上引流，线下成交，并将这种模式称为O2O模式。O2O模式，开始构建了线上用户与线下场景合流的可能性，并在很多行业试水成功，并诞生了部分基于这种模式的成功企业（当然大部分都失败了）。但后来发现，对用户消费来讲，并不存在线上和线下本质的区别，他们需要的是在任何时间、任何场景、任何方式，都能高效、便利地购物，至于线上还是线下并不是他们所关心的。再加上线上电商企业如天猫、京东等，在线上红利开始枯竭后，产生了向线下寻找增量的扩张野心与冲动，同时，线下的渠道体系，也有获取线上用户、开拓线上渠道的需求，在双方的需求弥合以及技术的驱动下，必然向线上线下一体化的渠道模式进化。结果是，O2O模式开启了一体化的成功尝试，只待一场技术革命的"东风"，这一"东风"便是移动互联网的到来与普及。

移动互联网对商业系统最大的改造之一就是让用户实现了线上线下的一体化。之前，线上的用户是线上的用户，线下的用户是线下的用户，是不同意义上的用户，即便是同一个人，在线上和线下没有实现用户画像及用户身份一体化的时候，在两个场景看来也是不同的用户。但是在今天，线上线下的数据已经打通，线上和线下的用户合体了，这背后是

企业线上线下商品系统、精准广告系统、支付系统、运营系统都趋向合体的结果。

任何时间、任何方式、任何场景都能高效连接用户并成交的方式就是新型的零售方式，不局限于具体的电商形式，也不局限于具体的平台，在具体的渠道模型上有所不同，但在对渠道体系背后的认知却并无不同，这就是重新定义渠道的思维革命的起点。

第三节 "红星美凯龙+"通过智慧营销平台 IMP 重新定义用户运营

从红星美凯龙到"红星美凯龙+",是家居零售的新物种进化

最近一两年以来,我一直对家居行业品牌企业强调,一定要重新认识红星美凯龙这样的卖场平台,也许行业的很多中小卖场、区域卖场与十年前、五年前没有太大的变化,但红星美凯龙是有巨大变化的,与十年前,甚至五年前的红星美凯龙大不一样,我将其定义为零售新物种"红星美凯龙+"。与其他标准化小件产品不同,红星美凯龙这样的全国连锁卖场在行业的零售中,具有极大的分量和话语权,如果红星美凯龙这样的卖场进化,品牌企业视而不见,一定会影响品牌企业的发展。

什么是我定义的"红星美凯龙+"

"红星美凯龙+"不是过去的红星美凯龙,换个角度来讲,"红星美凯龙+"是家居卖场零售的新物种。它用一种异常开放的状态,接受很多外界的赋能。不仅接受各大科技公司、互联网公司赋能,自身多年互联网化探索也形成了新的系统能力。红星美凯龙形成了今天的新能力,在家居零售行业里是绝无仅有的,所以我定义为家居零售新物种。

也许,以前是线上电商驱动卖场的互联网化发展,但今天,巨头与巨

头的相互赋能，我们已经可以得出一个基本结论，未来，家居垂直平台企业红星美凯龙，将会在未来家居零售，甚至产业变革中，驱动家居产业的发展。

如果说，以前红星美凯龙经营的是商户，收的是租金，而今天，红星美凯龙经营的是用户，服务的是企业与商家，用今天的时髦词语来说，叫赋能，我在《未来商业模式》一书中提到了平台企业要为行业提供各种基础设施。由红星美凯龙这样的家居平台企业驱动家居产业变革的时代正在到来。

如何从服务商家到经营用户

红星美凯龙是家居产业著名的平台型企业，其互联网化过程曲折而复杂，摸索长达近10年时间，一直在寻找最优解决方案，直到2018年推出智慧营销平台IMP模式。作为拥有30年历史的传统企业，红星美凯龙的互联网化转型对很多传统企业都有强大的借鉴意义。

红星美凯龙虽是卖场，但过去的商业逻辑与营收模式却是商业地产收租模式，服务的是商家，收的是场租。商家营收的好坏与红星美凯龙并无直接关系。在过去，一批商家经营不善出局撤场，一批新的商家进来填空撑场，只要商家的进出实现平衡，就能稳定地收场租，就不会影响红星美凯龙的营收。所以，这一个阶段红星美凯龙的经营核心是招租，是收场租。但用户在迭代，技术在进步，商业在进化，如果原来的模式能一直平衡下去，当然也没有问题，但形势明显在发生显著的变化，用户在分化，线上在分流，装修公司截流，精装修房子更是直接把后面的活儿都干了，商户经营不善的多了，问题自然就出来了。

红星美凯龙原来的经营中心是商户，社会不透明时，商户对用户而言，具有信息的不对称状态，具有信息优势，商户能够在某种程度上对用户的决策有重大影响，所以，红星美凯龙不需要对用户产生直接的影响，商户也能做好经营，商户经营不错，红星美凯龙的场租自然好收。但今天，信息透明，用户稀缺，用户在更大程度上掌握了决策主导权，商家经营难度大幅增加，商业环境更加复杂，商家需要升级，需要被赋能，那谁能扮演这个角色，唯有平台企业。

以经营商户为中心变为以经营用户为中心，以用户的经营反向助推商家的经营，红星美凯龙正好是在这个思路上找到了着力点。

跳出商城模式，阿里故事和红星美凯龙故事的同与不同

阿里电商最大的价值是一头连着商品，一头连着用户。收的虽是商家的钱，但阿里的核心价值，还在于拥有用户，通过为用户创造价值，从而形成对商家的价值。

用户就是流量，用户多的地方就是流量入口。所以凡是人聚集的平台，都是阿里的菜，阿里收购优酷，入股微博以及各种流量公司，都是这个逻辑。

流量是互联网大生意的关键，流量流向哪里，哪里就是雨露春天。流量的获取、分析、数据化、分发等各种使用模式，成了平台的核心竞争力，也成了阿里平台的基础设施。

红星美凯龙，本质上也是线下流量公司，只是线下流量过去无法数据化，无法分析，更无法分配。

同时，红星美凯龙又与阿里不同。

红星美凯龙的基础是线下商城，天猫的基础是线上商城，这决定了两者对用户的使用方式并不相同。天猫可以将所有的用户引导到商城交易，形成自己的线上全网用户。红星美凯龙不能按照天猫模式建立这样的商城系统，也不能用这样的方式形成自己的线上全网用户，就连天猫也做不到

像红星美凯龙这样建立全国的线下系统。

那红星美凯龙在线下基础上，如何建立自己线上的全网用户？

站在今天的角度来看，如果站在 C 端用户立场来思考，建立线上商城的最大目的应该是建立线上全网用户系统，形成用户画像的数据资产，至于卖货，是线上还是线下，对用户而言，已经不太重要。这说明，当时思考的重心，落脚到了货上面，以货为中心，希望人围绕货来形成用户池，结果证明走不通。

当跳出了商城模式的思维定式之后，我们发现，红星美凯龙建立线上全网用户系统，商城不是唯一的选项。但红星美凯龙的商业模式，本质上还是一头连接商家，一头连接用户，只是在早期阶段，红星美凯龙的经营重心，放在了商户上，对用户的经营，较为原始，经营用户的责任，变为品牌商家自身。

红星美凯龙本身自带流量，只要卖场在那里，客户自然汇聚，形成线下用户的入口，正是这个入口，形成了对品牌企业的价值。

天猫模式跟红星美凯龙一样，向商家收钱，但与红星美凯龙不同的是，天猫虽向商家收钱，但重点经营的却是用户，因为掌握用户，反过来比较好经营商家。

这一逻辑，正好是解决问题的关键，只是用什么方式的问题。

用 IMP 智慧营销平台重新定义线上用户

今天的家居产业与家居消费，红星美凯龙副总裁，IMP 公司总裁何兴华曾表述为"三高"：高离散、高关联和高复杂性。所谓高离散是指用户分散、品类分散、品牌分散、产品分散、渠道分散、场景分散、用户的决策因素分散。所谓高关联是指角色与角色之间，用户、设计师、工长、导购、监理等等；商品与商品之间，沙发与灯、床与床垫、地板与地暖、空调与吊顶、橱柜与冰箱；商品与设计之间，工程与设计之间，工程与商品之间。高离散、高关联就组合成了高难度，就给家居产业带来了营销全面数字化生存的低效能。

正是因为这"三高"，家居产业就无法实现传统电商化，而是需要第三条道路。

红星美凯龙这次变革的答案是 IMP（INTELLIGENT MARKETING PLATFORM）智慧营销平台。

这种方式不局限于所谓平台与模式，本身是一种高离散状态，这种高离散状态对应了用户的离散、需求的离散以及行业的离散，但离散的背后则是规律，规律的基础则是用户，用户的背后则是数据。

当红星美凯龙 IMP 进化到以用户为核心，而不是局限于原来的模式之后，格局豁然开朗，互联网、大数据技术可以即时高效地将所有符号背后的用户连接起来了，从而变成一种新的用户经营方式。

打通全网家居用户，也可以换一种方式，红星美凯龙的答案是 IMP 智慧营销系统。

原来的电商问题突然不是问题了。

如果有高效途径能够连接线上线下用户，电商也好，互联网化也好，都不是问题了。就是用更大的框架，原来的问题变成大框架下的小问题，小问题便迎刃而解。就像用立交桥思维解决了十字路口红绿灯的交通问题，用终极思考解决中间问题，这，就是解决方案。

红星美凯龙是平台型企业，平台型企业需要为平台上的商家提供基础设施，而经营用户的 IMP 系统，就是为行业提供最大的基础设施，围绕用户提供的各种工具与解决方案，就形成了赋能系统。

五大基础系统构建 IMP 智慧营销模型

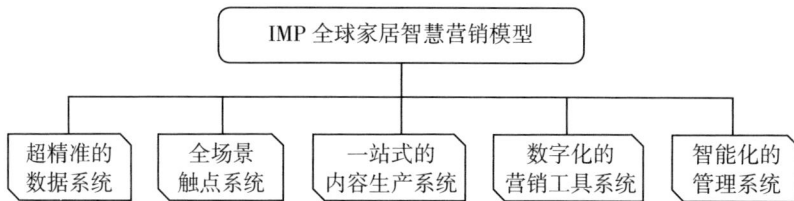

图 6.2 IMP 五大基石营销系统模型

第一大系统是超精准的数据系统。

红星美凯龙在中国 200 多个城市里面有 300 多家大型的家居商场，数量还在快速增加中，所以红星美凯龙拥有中国最大的中高端家居用户的"线上＋线下"的数据，每年 1.5 亿的进店人次，700 多万的会员，数十万家居导购，100 多万设计师，13 万房产经纪人等等，这些数据构成了红星美凯龙内部的精准用户池。以前红星美凯龙自己用，现在开放出来大家用。

红星美凯龙还与许多流量平台合作，红星美凯龙通过精准投放，获取各大流量平台全流量系统的家居用户，形成红星美凯龙 IMP 智慧营销系统的用户池。

以上线下线上用户来源，共同构成红星美凯龙平台的全网精准家居用户池，不断迭代这个用户池，运营这个用户池，为行业企业分发用户池里的用户，与其他服务一起，就形成了红星美凯龙 IMP 的基础功能。

一个以用户运营为核心的数据商业模式开始成型，也成了为家居品牌企业提供基础服务的基础设施。

第二大系统是全场景触点系统，可以全面解决用户识别和洞察。

通过用户识别与洞察，红星美凯龙 IMP 智慧营销就拥有了一个家装用户的全场景覆盖，在整个装修生命周期与用户做连续性的高质量互动。

第三大系统就是一站式的内容生产系统。

这是解决用户转化的问题，如何找到用户，如何触达用户？内容就是抓手。

家居行业是低关系度的行业，特别需要强大的内容生产、内容分发的能力，对用户内容偏好的数据洞察能力，以及最强大的 IP 资源整合能力。

从 IP 这个维度来讲，要在商品层面、活动层面、传播层面以及线下体验层面与用户产生化学反应，所以内容要变得很感性，要值得期待。

第四大系统就是全套数字化的营销工具系统。

庞大的数据系统，如何运用？这就靠 IMP 所打造的全套数据化营销工具。截止到目前，红星美凯龙的这一系统，已经上线了 400 多个功能，106 个项目，他们构成了 IMP 的工具基础设施。

第五大系统是智能化的管理系统，即智能营销核。

就像大家之前无法想象，汽车可以无人驾驶。IMP 正在逐步实现一件事，实现营销的智能化，是人机共舞的预测和决策，那么，实效是怎样的？通过红星美凯龙为很多企业的实际操作，与过去相比，这个 ROI 的提升不仅是百分之几十，很多都是成倍数地增长。

IMP 不断进化，"智慧二楼筋斗云计划"强势出击助推产业营销升级

红星美凯龙 IMP 还在不断持续进化，为品牌和经销商提供更多的营销工具，让生意变得高效、简单。具体而言，通过神投手、群多多、团达人三大工具解决流量问题，通过小程序魔方、有龙平台两大工具解决家居行业专业内容生产的问题，借助潜客雷达、超级导购以及云 BOSS 三大工具实现了在所有的场景下提供各种各样的数据化营销工具的目标。

作为"红星美凯龙市场倍增战略"的重要支撑力量，IMP 平台智慧二楼"筋斗云"计划针对性地解决家居厂商的流量痛点、内容痛点和数字营销工具痛点。"筋斗云"能够突破时间、空间的限制，完成对消费者的全场

景数字化深度运营，帮助商家在最合适的时机、最高效的场景中与目标消费者展开精准的营销互动，从而实现转化。

也就是说，"筋斗云"的核心，就是协助厂商能够进行私域用户全场景数字化深度运营，核心不再是运营一次活动，而是在运营每一个用户，尤其对于低频高价消费，每一个用户都是高价值的。由此"筋斗云"会像孙悟空出世一样，带领行业进行社交营销的变革、内容营销的变革、场景营销的变革。

不仅是线上线下，而且还是物理空间与数字空间的合体

红星美凯龙利用了五大系统与"智慧二楼筋斗云计划"，把不同的角色、不同的场景和不同的内容进行了连接，红星美凯龙未来将不是一个线下商场简单的流量聚合体，也不是搞流量分发，红星美凯龙变成了一个线上线下打通的、物理空间与数字空间合体的流量制造与运营基地。红星美凯龙可以给一个个性化需求的用户相应的内容，又同时对接商家。所有一切的过程是服务，这不是简单的广告，也不是简单的营销。每一次与超级用户的互动，是一次流量创造的过程，IMP 拥有了流量制造的能力，就具备了将传统物理空间属性变成数字化运营属性的能力。从而实现对用户连接，无处不在的连接。

这样，红星美凯龙就可以在物理空间生态外，打造一个更大的垂直数字化生态，商品方、技术方、内容方、数据方、媒体方、服务方都因为整体的数据化及运营而连接起来，为家居产业链打造了新平台和新生态。

在红星美凯龙未来线下商场的物理空间变革中，为顾客打造数字化及差异化购物体验，实现购物体验、互动场景、支付场景，以及门店运营的全盘数字化，这是核心。物理空间数字化、数据化，打造新型家居零售业态。

物理空间与数字空间的最后合体，将会产生零售的新物种。

IMP 重新定义用户运营，也为家居企业打造了新的流量基础设施

数年前，我们不会想到红星美凯龙建立线上全网用户、线下全域用户的连接可以通过营销方式来完成。今天，红星美凯龙用 IMP 这样的智慧营销系统为家居产业链企业提供了新的基础设施。目前，与红星美凯龙 IMP 智慧营销平台合作的家居企业，都取得了非常好的合作效果，这就验证了这一平台的价值。

第四节　新零售，马云的立场与品牌企业的立场

很多商业，都活在马云所界定的思想通道里

今天的新零售与过去的零售有何不同？

新零售的概念由马云提出，他的观点确实触动了各行业的零售变革。其实，每一个时代都有每一个时代的新零售，新和旧是相对的，顾名思义，新零售是相对于"旧零售"而言。什么是旧零售？站在今天看，可以将传统的线下零售模式及近十几年来发展迅猛的各类电商模式都归为旧零售。

自马云提出新零售之后，很多行业都在依据自身行业属性开展适合自身行业的新零售，传统行业之所以跟随阿里的零售思想变革，那是马云本身的强大势能和影响力，他一直在用商业实践证实他的商业思想，因为很多商业，都活在马云所界定的思想通道里，思想通道的意思是说，马云说了要这么干，我们便真这么干了，并且没有怀疑地去做，就这么神奇！

要客观地看待新零售，我们需要理清楚各方的立场

马云提出新零售，是对天猫、淘宝等线上商城的自我革命，这种自我革命的驱动力，来自线上流量红利的式微，对于阿里"总舵手"马云来说，要想带领阿里继续前行，自然而然的一个问题是，下一波流量的红利在哪里？

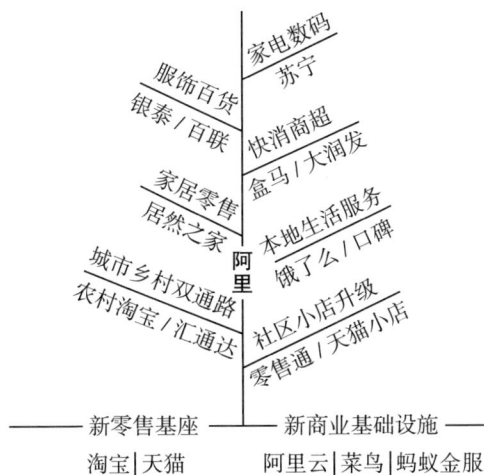

家电数码
苏宁

服饰百货
银泰 / 百联

快消商超
盒马 / 大润发

家居零售
居然之家　阿里

本地生活服务
饿了么 / 口碑

城市乡村双通路
农村淘宝 / 汇通达

社区小店升级
零售通 / 天猫小店

────── 新零售基座 ──────── 新商业基础设施 ──────
淘宝 | 天猫　　　　　　阿里云 | 菜鸟 | 蚂蚁金服

图 6.3　阿里系的新零售布局简图

当然是线下。阿里线上商城系统目前已经发展到顶峰，在马云提出新零售的 2016 年，成交 3.092 万亿元，占当年整个网上零售 41944 亿元的 74%，占整个全年商品零售额 29.7 万亿元的 10%。由这些庞大的数字可以看出，阿里巴巴已经达到了线上零售的市场天花板，成长的空间只能从线下寻找，因为流量的新红利就在线下。

一直以线下零售革命者自居，把线下零售体系当作革命对象的马云，最终也发现，阿里可以革一批零售商的命从而成就阿里，但无法革整个线下零售体系的命。阿里如果要发展，不是需要敌人，而是需要新朋友，阿里的对手不再是线下零售，线下零售反而成了阿里新的活水源头，这一方面是应对自身发展要求，另一方面确实是市场现状和消费者需求变化后不得不作出的改变。

马云提出新零售的驱动力，还来自于阿里要做整个零售的基础设施。

经过升级，阿里的线上系统可以为所有线下零售提供服务，实际上天猫很多品牌旗舰店已经扮演了品牌线上商城的角色。阿里还可以为品牌企业的整个经销体系提供信息化支持，阿里称为商业操作系统。但传统产业的零售思想还没有实现突破，需要新的思想指引。一场商业的变革，通常也是思想走在实践的前面，只有思想通了，才能驱动所有行业的零售变革。阿里如果要将线下零售系统纳入阿里零售的大生态，需要其他行业线下整个零售系统效率的提升。

马云谈新零售的底气，来自于阿里的三大支撑系统。

一是线上全网用户系统及数据能力，二是支付系统，三是物流系统。再加上O2O商业模式风行时，阿里与很多传统企业联手打造线上线下一体化的尝试，都为新零售的一体化战略做了铺垫。这是马云超级战略布局能力的必然结果，阿里的新零售战略就此出炉。

对于很多传统企业而言，也面临渠道升级与零售升级的需求。

一个是电商发展过程中，线上零售对客户的分流，一批创新企业依托纯线上零售获得了快速发展，典型代表就是一批淘品牌的崛起，比如三只松鼠坚果、韩都衣舍服装、林氏木业家具，还有很多体量稍小的众多中小淘品牌，这些淘品牌慢慢成长为销量巨大、在行业内有品牌影响力的品牌，已经实现了"去淘化"，成为真正意义上的品牌了。还有一批传统品牌企业，较早加入天猫线上商城，获得了品牌早期线上红利，他们的成功具有极大的示范效应，带领了很多商业品牌的跟进，导致线上线下的竞争都变得惨烈，那些有实力，思想领先的企业，有升级零售系统的内在需求。同时，很多年轻用户形成了线上消费的惯性，传统零售模式很难连接他们，需要新的零售逻辑，创新零售模式。

所以，基于阿里和传统企业发展的立场，双方都有类似的零售变革需求，只是需要一个合适的时间，点燃双方变革的大火。马云的新零售思想体系，正好就是这个火种。比如，阿里入股传统家居零售卖场居然之家，就是在这样的背景下发生的。

阿里新零售思想，对传统产业的零售变革起到了巨大的推动作用。

腾讯入局，新零售也不只有阿里

商业的魅力，就在于你永远无法吃掉所有的市场份额。因为再强大的企业，都有对手，如果对手没有你强大，也会有一批盗火者，怀着不安分的创新创业之心，盯着那些看起来高枕无忧的市场领先者，一步步成为大企业的竞争对手，追赶，甚至超越。

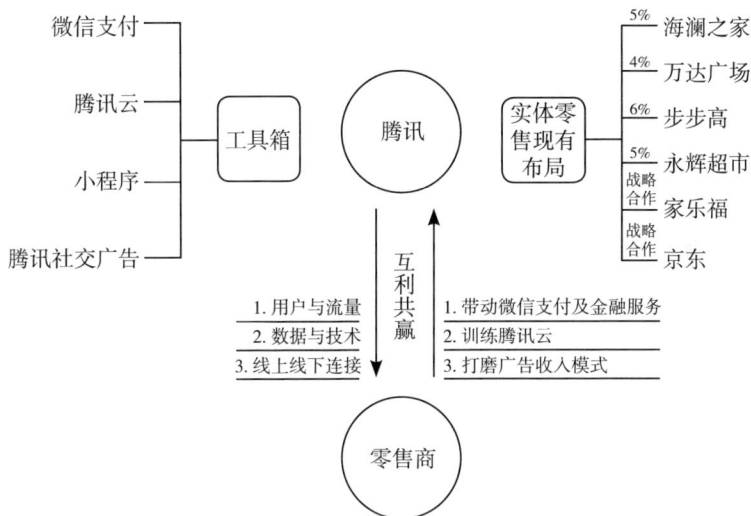

图 6.4　腾讯系的智慧零售布局简图

阿里最强大的竞争对手是腾讯，同样在协助传统零售的变革上重子布局，不过与阿里直接切入交易打通线上线下的模式不同，腾讯基于"国民级应用"微信所建立的生态系统，特别是小程序，完成了企业线上与线下的连接，并且实现了无处不在的连接，腾讯与红星美凯龙战略合作所打造的智慧营销平台 IMP，其核心之一便是小程序，用小程序打通线上线下连接，打通微信支付，线上线下用户自然实现一体化。

当然还有诸如京东、拼多多、苏宁易购、美团、携程及基于微信生态的社群电商等，都是在创新零售模式。

所以说新零售也不是阿里一家独大。

第五节　人场交互：基于合理效率的
零售场景体验极致化

从理性到感性的进化，零售范式革命

就像现代管理学之父德鲁克所定义的旁观者，我们不妨站在线上电商、品牌企业以及其他新零售变革者之外，静静地做中立的整体性思考，这些向用户提供产品或者服务的不同主体，在面对新时代的用户时，各自应该怎么思考，各自应该为用户营造一种什么样的交互场景，才能在未来的商业环境中立足。

过去企业与用户交付时，传达的信息似乎都是理性的解读，要让用户以自身的理性来决策，我们认为人都是理性的。但是在今天，企业在给用户交付时必须让用户感到舒服。也就是说，企业过去在满足用户自身刚需时，希望用户用理性来思考，让用户理性决策就可以解决问题，但在今天满足用户刚需时，理性变成隐藏于体验背后的逻辑，是商业企业利用互联网大数据，洞察用户的潜在真实需求的理性，然后我们用极致体验来触发用户的感性，让用户用感性来决策从而达到购买产品。

从理性到感性，从刚需到体验，这是一个巨大的转变，也是一场巨大的零售范式革命。

为了体现今天零售的交互性，我借用互联网的说法，我把这些与用户交互的零售场景称为用户交互界面，而这个交互界面的范畴，已经大大超越原来零售物理空间的界定，变得泛指一切可成交的场景。

物理场景交互

这里说的物理场景是有边界限定的传统实体商业空间，这个空间可以是零售店、百货、商超、专卖店，也可以是大型购物中心。虽然是传统的商业形态，但随着商业竞争的加剧和新技术的应用，也发生了一些显著变化。

从竞争的角度看，我们发现过去只销售低频产品的卖场开始销售高频产品，或者相反。这样的案例在家居行业中比较多，比如一些大型家居卖场，原来只销售低频高价的衣柜厨卫寝具地板等产品，后来开始引进一些高频快消的家居用品如杯子和小型灯具等，甚至在卖场中开始售卖冷饮和零食，这样做的目的无非是既充分利用了空间，也在某种程度上解决了客流不足的问题，但这种方式究竟能否提高坪效还有待观察；还有一种变化是，过去只入驻家居卖场的家居品牌也开始入驻购物中心甚至写字楼，这样做的逻辑是，一方面可以借助购物中心或写字楼的优质客流，另一方面也迎合了那些主张个性生活的"80后""90后"的消费观念和消费习惯。

另一个重大变化是，这些传统的实体商业形态开始运用很多智能化、数据化的科技手段。比如，商用服务机器人的技术日渐成熟，已经拓展到商场、餐厅、酒店等诸多场合。除了实现迎宾接待、引领带路、导购讲解、信息咨询等服务外，还可以为消费者提供娱乐，比如为消费者免费拍照的机器人，通过拍照能够描绘和获取消费者数据，不仅增强了现场的娱乐性和趣味性，提高了消费者驻留商城的时间，也扩大了商场精准性推荐商品的机会。

实体商业形态触点的变化，吸引了过去单纯依靠线上销售的产品，一方面是因为线下的体验更丰富更有趣；另一方面，也是更重要的原因，线上的流量红利已经枯竭，越来越多的品牌方希望通过线下这种新的变革因素来完成线上线下一体化，最终实现销量的增加。

传统线下零售的变革，是这一场新零售革命的主体。

虚拟场景交互

随着移动互联网的深入发展，线上的场景也开始变得丰富与多元。原来的线上商城模式，通过用户大数据的分析，也能实现千人千面的被动推荐，但现在的数据技术更加先进，利用大数据对人的属性洞察，甚至在用户本身也没有察觉自身需求的时候，企业就可以根据算法预测到用户的潜在需求，在不知不觉中实现与用户的互动。

比如，今天的二维码运用，用户通过商家某个产品上的二维码，随时可以下单，也可以在线上即时搜索更全面的信息，进而产生兴趣或实现购买。我们今天可以扫描饭店设置的二维码，自主实现下单，从这个角度看，二维码不是商品也不是购物现场，而是一个虚拟的触点，类似二维码这样的虚拟触点，极大地增强了品牌与消费者接触并成交的机会。现在设置在很多人流集中场所的无人售货机，就用二维码完全实现交易，也就是说，在未来，我们不仅在线上商城实现交互与交易，还处于一个遍布各处、无处不在的消费场景中，无论是传统的百货公司、购物中心、大卖场、便利店，还是各种移动设备、智能终端、AR/VR设备，还是生活中的社区或工作的写字楼等等，都将成为品牌与消费者接触的触点。

这些虚拟场景的体验，一直是互联网企业最重视的，基础设施的建设也由过去的互联网巨头所主导。虚拟场景的交互还在不断进化中，这些虚拟场景在介入传统行业后会引起体验和效率的双提升。比如VR等虚拟现实的交互在定制家居行业的大规模应用，过去用户要看到房子装修后的效果，必须等到设计师做出效果图才可以看到，这个周期快则3天，慢则一周左右，但应用今天的虚拟现实，用户可以根据虚拟空间场景，自由选择家具、瓷砖等产品，还可以选择不同颜色、花色，达到用户自己心仪的效果，这个过程只需要 10 分钟左右。

关系（网络）场景交互

过去我们要实现交易，必须到线下店面，电商崛起后我们可以在线上交易，但今天不同，移动互联网可以实现任何地方的连接，微信作为国民级应用，能够在任何地方任何时间将相关人群聚合。2018 年爆发的微信社区拼团，便是这样的关系场景。一般是小区的全职妈妈，或者其他人建立了线上购物社群，将过去在其他渠道购物的小区人群引流至线上一起来拼团。

团长，也就是小区微信购物群的群主，服务的就是小群进入微信拼团的用户，离消费者近，同时团长又是微信群里的意见领袖，同为一个小区的业主，信任度就比较高。拼团的产品都是经过精挑细选的产品，一般都没有库存，直接针对厂家下订单，厂家也不需要直接送到每一家客户那里，只需要送到小区指定提货点，由于拼团的产品通常都比线上其他商城还便宜 10% 左右，价格优势十分明显，所以用户对送货的速度要求也大幅降低。

社区微信拼团，是靠熟人关系形成的一个固定虚拟网络消费场景，对于每一个群而言，就是一个微团购，对于整个社区团购公司而言，你也可以说他是一个电商，是用微信作为连接器，小程序作为容载器，从而完成交易的闭环。

"用户体验"的前世今生

在新零售变革的讨论与实践中，我们提得最多的就是用户体验，把用户体验当成新零售变革的核心之一。但用户体验到底是什么？因何而来？又要到哪里去？

"用户体验"这个词最早被广泛应用还是在 20 世纪 90 年代中期，由用户体验设计师唐纳德·诺曼（Donald Norman）提出和推广，当时的用户体验并没有今天这么宽泛的意义，专指用户使用计算机相关硬件与软件的交互体验，属于限定领域的狭隘术语。

用户体验纯粹是一种主观感受，ISO9241 标准，也就是办公室环境下交互式计算机系统的人类工效学国际标准，将用户体验定义为"人们对于针对使用或期望使用的产品、系统或者服务的认知印象和回应"，ISO 定义的补充说明有着如下解释：用户体验，即用户在使用一个产品或系统之前、使用期间和使用之后的全部感受，包括情感、信仰、喜好、认知印象、生理和心理反应、行为和成就等各个方面。该说明还列出三个影响用户体验的因素：系统、用户和使用环境。

很显然，这里的用户体验，是一个狭隘范畴内的概念。即使在后来的定义中加入了环境要素，但也是使用产品的环境，与今天我们所理解的用户体验的范畴大大不同。

"用户体验"含义的大幅扩张

随着计算机技术应用到人类活动的几乎所有领域，互联网思维渗透到几乎所有行业。这就导致了一个巨大转变——人机交互的系统评价指标从单纯的可用性工程扩展到更丰富的、更大范围的用户体验，比如动机、感受、感觉、文化、价值观等。

"用户体验"这个词的使用范畴也大幅扩大，原来主要定义产品的用户体验含义，扩张到所有产品或者服务与用户连接的触点上，也就是场景，可以说就是今天新零售场景变革最重视的用户体验。

在这一场全行业轰轰烈烈进行的新零售变革中，打造用户的极致购物体验几乎成为所有参与企业的商业追求，也是与传统零售变革的最大区别所在。

体验式营销时代来临

为什么今天我们如此重视零售的用户体验？我认为有以下几个基本前提：

一是中国经济高速发展了几十年，再经过残酷的市场竞争，今天还能留存并发展的企业，在产品的品质、用户体验上，并没有太多差异，或者差异比较小，甚至对于普通消费者的一般用途而言，这种差异可以忽略，或者说即便有差异，用户也不在乎。比如今天的家电产品，只要是"大品牌"，大多数用户是无法洞察各个品牌产品的细微差异的。

二是今天的用户，特别是新的中产、年轻用户，他们的消费能力很强，但也个性鲜明，不仅产品要用起来爽，还要买起来爽，甚至愿意为买起来爽支付成本。所以新零售的用户体验，就是要营造用户在不同场景都买起来爽的氛围。

三是激烈的市场竞争，企业如何打造新的差异化，那就是不仅要打造让用户体验更佳的产品，还要打造让用户买起来舒心的购物体验，要建立营销差异化的能力，让过去从功能时代、理性时代的营销模式，进入到感性社会的体验营销模式。所以，新零售的体验竞争是一场更复杂、更高阶的营销竞争。

四是互联网导致的信息透明，用户需要爽的层次多而复杂，但用户只要有一点不爽，动动鼠标，滑动手机屏幕，就会无情地离你而去。所以互联网技术驱动了企业必须打造整体的用户体验，让用户在各个环节都能够爽，稍微有一点遗漏就会把"用户体验"的大厦搞垮。

第六节　传统渠道体系变革逻辑：
基于体验的效率极致化

渠道体系的变革是一场效率变革，效率变革的目标是为了支撑与用户交互时的体验系统，所以渠道体系变革是基于体验的效率变革。

在由边界时代向零边界商业时代过渡的背景下，渠道的创新、多元与效率的提升不会降低只会更加凸显渠道的重要性。今天很多人都在谈新零售，无论新旧，零售本身只是属于渠道中"终端"的一环，是产品交付消费者的"惊险一跃"。不论新零售如何强调"人货场"的重塑，本质上仍旧是渠道管理变革的问题。

新的渠道变化是基于线上与线下的融合，互联网技术打通前后端的信息屏障，用户到厂商的关系变得没有边界，这决定了未来一定是一种全新的渠道体系，一定从低效率进阶到高效率，从长路径进阶为短路径的进化模式。

我们需要回归到基本层面，看清未来渠道变化的几个底层逻辑，对我们理解渠道变革，进而打造渠道体系会有清晰的认知。

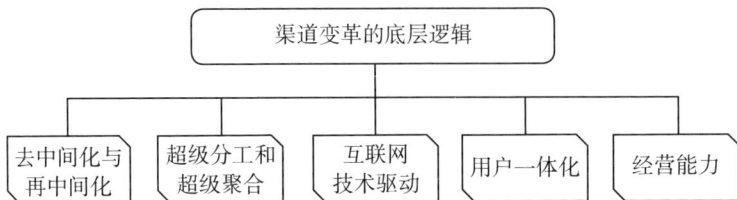

图6.5　渠道变革的底层逻辑

第一个底层逻辑是去中间化与再中间化

这个逻辑在本人的《未来商业模式》中也曾强调，就像前些年互联网电商平台的崛起过程中，很多人都在讲这种基于互联网的商业创新是去中间化。其实完全彻底的去中间化本身并不存在，事物的发展都是矛盾的一体两面，既对立统一，又相辅相成。商品（服务）触达消费者，就需要通过中间渠道商或终端这样一种介质，所以，所谓的去中间化，只是提高效率的理由，目的是减少、优化中间环节，提升效率，形成新的中间化系统。

过去，在传统的销售渠道体系里面，产品通常是通过各级经销商再到各个终端网点，是一条多级渠道链条。在今天，可以看到多种构建渠道的新方式，很多企业以城市为核心建立终端系统，原来多级分销体系，已经被小区域代理体系取代。

还有就是过去很多传统企业重视的深度分销，厂家通过深入到县级市场，直接与大量区域经销商合作，在区域终端并肩作战，达到市场的深耕细作，过去这种模式需要大量的地推人员，需要庞大的组织支撑。但是在今天，厂家可以运用新的互联网工具，不需要大量的人员也能够与大量线下密集终端建立联系，那么原有的经销商体系，就变成了服务商体系，通过服务当地用户来获取服务上的收益。

第二个底层逻辑是超级分工和超级聚合

未来企业能够直接触达用户，并反馈用户信息，这样就改变了原有经销体系信息传递不畅的弊病。能够实现这样一种高效的变化，除了去中间化和再中间化，还基于分工和聚合的一种底层逻辑。

整个人类社会的发展，大的方向是分工越来越细，因为分工是提高效率的一条重要途径，分工越细，每个企业才能够将自己擅长做的事，做到极致做到效率最高。但是单位分工效率最高，并不代表整个生态体系效率最高，所以要到达体系效率最高，还需要将这些分散的分工单位重新进行聚合，聚合成一个新的生态，一旦这个生态连接了所有分工单位的时候，连接的节点越多，就形成了聚合的平台，整体效率就会变得越来越高。所以，通过分工和聚合形成新的平台之后，又诞生了一种新的物种和能量场，形成了一种相互赋能的能力。

这也符合经济学原理，著名企业史学家、战略管理领域的奠基者之一钱特勒曾写过一本书《看得见的手——美国企业的管理革命》，他跟踪研究了美国几十个行业上百家企业的发展史，发现并不是企业在主导资源配置，而是有一只看不见的手协同管理产业链条。他得出这样一个结论：只有那些协同产业链全过程的企业，才能成长为大企业。即使没有成长为大企业，也可以成为某个链条上的优势企业，这个时代不一定要做大，专业和精致的小公司也是非常具备竞争力的。

比如很多垂直行业的物流系统，原来有很多单独的货车司机，但无法提高整体的物流效率。现在出现了共享系统，比如福运卡车，将所有的货车连接在平台上，一边连接司机，一边连接货主，实现订单与货车的匹配，大幅提升了物流的效率。第三方服务的聚合，是流通体系的重要变革，在大幅提升经销商体系的效率的同时，也大幅地降低了成本。

第三个底层逻辑是互联网技术驱动

我们所处的时代，最核心的技术驱动就是互联网技术的蓬勃发展和不断迭代，由于互联网技术的发展和普及，所诞生的各种线上商业形态起初对线下商业形态形成一种压倒性的竞争态势。但是随着线上流量红利时代的终结，线上线下之间必然会形成一种效率趋同的效应，这也是为什么我们今天看到的所有互联网巨头，都试图花大力气去布局线上和线下的一体化。

互联网技术如何提升流通体系的效率？这就出现了一批以服务"小B"为核心的供应链公司。

为小餐馆供应蔬菜的蔬菜供应平台，为花店供应鲜花的鲜花供应平台等，这些单独的小店，都不具备供应链的议价能力，但供应链平台将这些所有的小B聚合在一起，就具备了强大的议价能力，小B也能获得批发价，这就是今天流行的S2B2C的商业模式，大幅提升了很多行业、很多品类的渠道效率。

这就是为什么很多传统的企业，在今天突然感觉到无法适应技术升级所带来的新的变化，而适应了这种新技术变革和效率变革的时候，未来就会如虎添翼，获得更大发展，所以在渠道体系的变革上要着重考虑技术驱动。

第四个底层逻辑是用户一体化

过去，消费者无论线上购物，还是线下购物，两个不同的场景呈现出不同的个体属性，企业难以判断消费者偏好。但今天线上和线卜实现了打通，比如，未来所有的终端场景都无死角布置了图像和声音采集系统，这些设备对消费者信息实现全程记录后，就可以通过分析不同场景的不同消费行为，对消费者来说看似无意识的行为，其实都汇集成为一个具象的消费个体。这一消费个体的消费行为，消费习惯、消费能力已经可以实现与线上信息和数据的互通和共享，所以称之为用户一体化。

通过这种信息和数据的用户一体化，消费者需求完全可以被人工智能所洞察，企业与消费者的连接会变得更加紧密、更加高效。当然，事物的发展总是有利有弊，从好的一面来看，当消费者有真实需求的时候，人工智能设备可以自动识别这种需求，进而针对性地提供产品，对消费者来讲，也大幅降低了选择产品（服务）的成本；从不好的一面来看，当这些通过人工智能筛选出的数据比我们人类自身还能洞察消费需求的时候，其实我们无法获得一种新的、不同的或者说超越现有消费需求的动力，也就是说，过度依赖人工智能有可能会阻碍我们进行新的创新，所以说用户的一体化是把双刃剑，如何应对极其考验企业的智慧。

第五个底层逻辑是经营能力

经营能力是一个抽象的概念，是企业的根本能力，是涉及企业经营方方面面要素的总和。今天企业所面临的所有外部环境的变化，如技术的驱动、用户的变化、生产的自动化等等，对这些新机遇或者叫新挑战的应对都将考验企业的经营能力，所以对企业而言，今天经营难度也大幅提升。

也就是说，在今天，能够生存和发展的企业，其经营能力其实也在潜移默化中获得了大幅提升，因为要领先于行业平均水平，或者最起码保证平均水平，才有可能在激烈的市场竞争中获得生存和发展的一席之地。

未来的竞争，要素一定打不过体系，经营能力是验证体系是否健全和适应商业环境的根本所在。未来是体系的竞争，不是有单方面优势就会获得长足发展，所以，在新的零边界的状态下，企业要具备新的体系性经营能力。

第七节　经销体系的一体化变革

渠道体系的多元性

由于产品属性和用户属性的不同，每个行业都有独特的渠道体系，比如有高频的快消品渠道体系，也有低频的家居用品的渠道体系，有生鲜等保鲜度很低的产品渠道体系，也有保质期很长的产品渠道体系，既有大件产品，也有小件产品，这些差异性的存在导致渠道本身没有最好的，只有合适的，所以渠道变革，并没有一种模式能够包治百病。

除了这些差异外，在这个互联网介入渠道越来越深的商业世界中，不同行业的互联网化程度不同，互联网化难易程度不同，也成为渠道体系变革需要考量的因素。

那么，有哪些共性的因素是今天所有行业渠道变革都需要考虑的呢？

图 6.6　经销体系变革需要考量的因素

经销体系的一体化变革

思想变革　｜　组织和利益关系的变革　｜　信息化变革　｜　厂商一体化变革　｜　及时利用、善于利用互联网平台企业提供的基础设施

一是经销体系的思想变革

所有的变革，首先是思想的变革，在这一场经销体系的渠道变革中，厂商关键决策人以及团队，对本企业渠道变革的认知，对行业渠道变革的认知，乃至于对整个商业系统渠道变革的认知，是决定渠道变与不变，能否成功变革的最关键要素。在我走访很多传统企业的过程中，经销体系的变革都是一件"不容易上路"的事。这些传统企业的经销商，很多都是和企业从小到大一起成长的，在各地都小有成就，但在认知上还停留在过去，不敢变，怕变革失败，不会变，不知变革如何下手，所以当企业想变革时，很多经销商都持观望状态，担心变革把自己变死，而不变革还有些利润。对于企业而言，形势很残酷，销量在不断下滑，不变革的话也是等死；但变革过于剧烈，又担心经销商承受不了，同时还囿于多年打江山的情面，无法启动果断的变革，在时代的进步中不断滑落。所以，今天的新零售变革，企业首先要开启思想变革。

二是组织和利益关系的变革

传统品牌企业过去打造的渠道体系，支撑了很多企业过去的辉煌。这套体系是品牌企业的"现金奶牛"，承担了物流中转的功能，扮演了最后一公里的交付用户以及售后服务。这是基于传统的利益共同体和组织模式，要实现渠道的变革，首先要理顺渠道体系的组织关系和利益关系，新的组织关系和利益关系的设定，必须符合新时代的商业逻辑。

在渠道变革的过程中，组织的变革一定会损伤一部分人的利益，这是一个绕不开的变革难题。同样，由于一部分经销商无法跟上变革，必然有一批被淘汰出局，或者自动出局，或者在与同行的竞争中失败出局。

三是信息化变革

由于今天绝大部分用户都在线化，所以很难想象一个信息化程度很低的企业能在未来生存。经销体系的变革，也是一场信息化变革，要实现货品在线化，人员在线化，库存在线化，让整个经销体系的信息流动与产品的流动实时在线，打造从门店到订单到物流再到总部的全体系数字化运营能力，这样才能大幅提升渠道运营效率。

四是厂商一体化变革

今天的经销商变革，在用户信息化、一体化之后，厂商之间的关系界限变得模糊，也向一体化过渡。厂要建立大脑中枢的角色和能力，要有提升整个经销体系经营能力的能力；商要扮演好神经末梢的功能，一体化服务用户。

比如我认识一个陕西的朋友，他在一个只有七八万人口的县级市开五金产品店，他是如何建立服务力的呢？在这个地方，任何一个购买和安装了他产品的用户，在产品用了一两年后，不管对方有没有主动找过他，他都会去跟用户进行沟通，如果产品坏了就进行免费维修，当他与当地的这些用户都建立了这种贴心服务之后，就在当地五金这个领域形成了一种良好的口碑，大家自然而然地去找他买东西，所以他的用户百分之九十以上都是通过口碑介绍来的，这就是服务力的魅力。

五是要及时利用、善于利用互联网平台企业提供的基础设施

在今天的渠道变革中，很多企业单凭自身条件是无法实现变革的。今天的零售变革，是一场互联网平台企业推动，各行业为了应对市场和

消费需求变化不得不加入的变革。也正因为如此，互联网平台企业推出了一些服务各行各业的信息化基础设施，我认为对于很多传统企业来说，利用这些基础设施是最优选择，比如阿里的零售通，腾讯推出的小程序等。

第七章

传播变革：
如何打造现象级传播

导言　做传播的人面临的问题

人类只有发明了发明的方法之后才能快速发展，我们只有学了学习的方法之后才能成为高手。

——芒格

我们做传播的人，一般都会面临三个问题：

第一，别人打造了超一流的传播事件，为什么自己做不到？

第二，即使做到了，为什么不能反复做到？

第三，有没有一种方法论，如果按照这一方法论去操作，我们便能够反复做到？

如果我们有这样一套体系，能够完成这三件事情，我想你不仅是一个超级牛的品牌总监，当公司的总经理都没有问题。

本章是我在一次营销课上的演讲，题目就是《如何打造现象级的品牌传播》，现单独整理出来供读者参考。

第一节　何谓现象级传播

"现象级"，这个词在其源语里有"天才"这样的引申意，就是特别特别特别厉害的意思。凡是一个人，比如运动员，前面加上这个强调的词汇，那就是"几十年不世出"的非凡人物。比如过去活跃在篮球界的乔丹，现在的詹姆斯，都是结合了多种超一流品质，如超凡的运动能力、超凡的智商、超凡的努力、超凡的社交能力，这些超凡品质的聚合使他们成了超凡的篮球运动员。

从普通球员到现象级球员有多远？有人做了一个公式：球员—厉害的球员—超级厉害的球员—明星球员—厉害的明星球员—超级厉害的明星球员—巨星—现象级巨星。

总之，加上现象级，那就是厉害得不行的意思。

那么，"传播"二字，加上现象级的前缀呢？

传播，当然是要知道的人越多越好，那就是你想让知道的人知道了，不想让知道的人也知道了。过去形容宋朝著名词人柳永的名声，"凡井水处，皆咏柳词"，那是老少妇孺皆知啊。

现象级传播，不是普通的知道的意思。那是可能事件本身就是一件了不起的事情，但没有好的传播，充其量就是一件了不起的事情，但经过好的传播，能让这件事情变得人人皆知，人人都说好，即使口头上不说，但内心也是认可的。还能给社会带来一些开创性的价值，开启了某些时代。

比如过去两年吴京主演的电影《战狼2》，创造了中国的票房奇迹，几乎所有的中国人都去看了一遍，最近的《流浪地球》，票房不仅逆袭成国产票房历史第二，还开启了中国科幻电影的新时代。

比如火了很多年的江小白的传播，这两年瑞幸咖啡的传播，过去小米的传播，都应该算现象级传播的经典案例。

现象级传播和结果是什么关系，凡是现象级传播，都会带来现象级的销量。不能带来现象级销量的传播，都不是现象级传播。

从普通传播，到现象级传播，是十万八千里的距离。

第二节 《活法》如何从库存书变为超级畅销书

2008年，我从做实业的广东来到北京，去了东方出版社。很多人都知道2010年左右，有一本书风靡图书市场——稻盛和夫的《活法》。火到什么程度？我记得当时还没有智能手机，大家还没有玩手机的习惯，在上下班地铁中，就有很多人手捧这本书认真阅读。

其实，在我刚进出版社工作时，《活法》这本书是一本库存书。两年时间，只卖了8000本。领导想把库存书卖出去，我们就挑选适合重新包装做的书，其中选了《活法》。因为我做过企业，比较了解企业经理人需要什么样的书，我就是那样的读者，需要的不是心灵鸡汤，而是书中提倡的精神能与我们产生共鸣。

爆款思维原则

传统出版社每本书的营销费用是5万元，但为什么我们不按照80/20原则，把主要精力和费用向好产品倾斜呢？

我当时管营销，营销部门就把主要精力放在少数的作者与图书身上，其他的普通书按照普通常规做法继续维持原来的套路。《活法》预算也不受制于5万元的标准，把所有的资源聚焦在一本书上来做。但是这一个单品形成了足够高的势能。所以所谓的爆款是什么，单品突破了足够高的势能，后面任何广告都不用做，产品一样好卖。

打造渠道标杆

当时《活法》在线下渠道已经退货，书店中很少存在了，想把同样的书再发到渠道，渠道商是不会认账的，也不会推你的书，发了也白搭，除非这个书重新火起来，传统渠道才会有动力重新进货。

当时当当网的图书销售是电商界的绝对老大，京东那时候还很小，还没开始卖书，我们就选择当当网作为突破口，首先我们将所有的传播接口都导向当当网，而且与当当网谈了单项合作，我们当时购买了当当网的营销资源，这是当当网第一次从出版社拿到营销费用，当当网也把全网资源给我们匹配。在很短时间内，《活法》一书成为当当网全网第一，当当网的再畅销，让传统渠道商看到了希望与机会，他们开始重新进货，线下的渠道也活了，并连续几个月都在加印。

关键意见领袖带货

今天用网红带货很正常，但当时，出版行业基本没有这么做的，我们把当时的网红称为"意见领袖"，今天的网红已经泛化，网红不一定是"意见领袖"，但"意见领袖"一定是今天的网红。比如当时最火的是经济学家郎咸平，由于当年很多人并不具备经济学常识，所以在很多人看来，郎咸平是一个特别有思想的人，有很多粉丝都关注他的博客。

当时我们有很多"意见领袖"的博客，因为这些作者在我们出版社出书，我们就开了博客作为交换，所以博客掌握在我们手里，同时我们也在外面买了很多博客。通过"意见领袖"的互相推荐，销量在各个渠道都大幅上升，为此有些网站博客频道还不让我们推书，现在跟微信比起来，当时的博客太保守，只顾自己的流量，不考虑内容贡献者的价值。

有一篇博客文章，我记得我是这样写的标题——《日本人为什么偷不走五粮液》，说日本人想把五粮液配方拿到手，拿到日本也做不好。分析了很多原因，最后发现是气候导致的发酵问题解决不了。正好那个时候反日浪潮特别高，就起了这样一个标题。因为整个社会的情绪与标题内容都引起了共振，这个标题的文章在博客上发表以后，两天时间大概是800万次的访问量。《活法》借船出海，我们挂上了当当网的购买链接，第二天全网第一。至此，配合着其他传播活动，上广东卫视栏目、地方台的栏目，从此一发不可收拾，其间都是全网第一。

嫁接、创造活动整合传播资源

我做过财经记者，然后到企业里做企划，后来做高管，有很多做培训的朋友，以及很多做媒体的同事，所以有比较广泛的传播人脉资源。我们通过负责稻盛和夫在中国的盛和塾成立的第一次大会传播，还有后来我们组织的《活法》50万册销量盛典，请来稻盛和夫本人演讲，每一场有上千位大小企业家参加了活动。我们也通过活动门票，置换了大量的媒体资源，比如当时高铁杂志与报纸，换了几十个版面，活动后来也上了央视的财经频道，央视《对话》栏目请了稻盛和夫作为嘉宾，还有很多卫视合作，换了很多资源。

产品系列化、价值最大化

《活法》这本书火了以后，又把稻盛和夫另外两本书放在一起，取名《活法二》《活法三》，把三本书捆绑起来，打造成一套。跟当当网谈，把这三本书作为一个新品独家供应。平时我们发货给他们是六折，这时候给四五折，全网帮我们推荐。对我们来说是少了一折半的钱，单本书还在卖的，之前可能当当网单本卖七折，那时卖七五折，单本涨价。套装折扣低，但总价不低，套装三本书加起来，那个时候将近一百块钱，在 2008 年到 2009 年，在图书这个单品类中售价可以说是很高的。

公益传播抢占制高点

《活法》畅销起来后，很多企业家成了稻盛和夫的粉丝，这批企业家受益于稻盛和夫的思想，同样有回报社会的想法，我们找到这些企业家，捐赠《活法》给一些公益机构，给需要的那些人，当时也起到了很好的效果，既帮助了许多人，同时出版社获得了大量的销售。

从库存书到一百多万册的销量，估计花了两年的时间，截止到今天，《活法》已经是数百万册的销量了。

第三节　打造现象级传播可以复制吗

现象级传播可以复制

我自己操盘的过程加上后期的学习研究，都发现，传播背后看起来是一个一个的个案，看似不可复制，其实是有章可循的。我们说作家是艺术家，不可复制，但是美国有一个哥伦比亚大学的知名教授到复旦大学来讲文学课，他跟中文系的学生讲写作的技术，讲怎么操作。人们常说只要大量地阅读，就可以写好东西，其实大量阅读，只是一个方面。这个作家上课的时候，只放了一个声音，这个声音放完以后，什么都没有。他就问学生，你们听到了什么，让学生描述这个声音的味道，这个声音的形式，以及这个声音带来什么样的感受。因为所有的写作，最后都变成很多很多的现象和细节，把这个细节描述得很清楚的时候，把所有的写作分解成这种细节的时候，你发现所有的现象和细节都有了。他还讲到，所有的大艺术家，不会因为分解这些动作、做细致的描述而影响他的灵感。受影响的只是小作家，不是大作家。这就是中国作家和国外作家的差距。为什么中国只有莫言一个人获得了诺贝尔文学奖，这么小的概率，这说明我们在写作的技术上是有差异的。

今天反思这些学习、操盘和研究，我发现有一点共通的地方。其实我们所有的传播，都有一个理论模型，我们传播的目的是什么，让更多的用户知道；让用户知道的目的是什么，打动他；打动他的目的是什么，购买我的产品；购买我的产品以后还要传播我的产品，起码还得重复购买我的产品。

传播学的理论是什么，我想起码有几个理论，但这个理论的基石，越来越偏重的是用户的心理。用户的心理是什么，在未来我会讲，叫认知心理学。我们看电影的时候，为什么有的电影打动了你，有的电影你没有感觉。或者说雷军的产品，为什么有的粉丝愿意买，我以前写过一篇分析雷军和董明珠的文章。董明珠也是打造网红IP，雷军也是。但是我认为他们是两种不同性质的IP，董明珠是生拉的IP，而雷军天生就是IP。他们两个代表的背后的逻辑不一样，所以我会因为喜欢雷军而买雷军的产品，但不会因为董明珠的知名度很高就去买格力的电器。格力电器不是董明珠开始的，而雷军是小米手机的创始人。并且雷军是运用互联网思维的集大成者之一，或者说是那个时代的开启者。而董明珠，我认为她是一个职业经理人，但是我并不认可她这种做法。所以她知名度再高，我也不会因为董明珠买某个产品，但是我会因为格力产品好去买某个产品。所以我觉得，这两种IP，是两种不同的底层逻辑。

高手和低手的差距

底层逻辑之外还要有方法论。做一个最牛的传播，一定有它的方法，也就是套路。其实我觉得，很多知识体系，不是需要我们去原创，而是把他们的东西变成我们的东西，成为我们骨子里、头脑里的东西，然后慢慢练习。

乔丹是NBA甚至世界篮球界最牛的巨星，虽然他已经五十多岁了，但是他的影响仍然在。乔丹比平庸的人更痛恨失败，为了赢球，他可以做任何能提高自己技能的事，我认为提高自己的技能并不是容易的事情。我们每个人都有习惯的动作、思维和说话的方式，如果你不打破之前的思维，是提高不了的。比如传播，我们每一年都有习惯的活动、习惯的传播方式，你会发现你重复了原来的动作，只会是原来的结果，也许比原来的结果还差。如果第一年做的传播活动是百分之百的效果，第二年做类似的动作的时候，可能只有90%，70%，60%。如果我们只是在原来的基础上改进，则最高只能提升10%。如果我们另起炉灶重新来做，可能提升10倍的效果，并且提升10倍的效果比提升10%的效果还要容易。这是谷歌的研发总监讲的。特斯拉老板马斯克为什么造电动车，为什么不造普通的车，因为肯定干不过通用，干不过我们的吉利，他另起炉灶做了特斯拉，所以他创造了奇迹。

还有今天的心理学，近30年的一个成果，说人脑中有很多神经突起，我们每一个动作，比如投篮，练习完以后，神经突起会变化。怎么变化，原来这些神经突起都是分开的，并没有连接，当你这个动作不断练习以后，影响了脑神经突起，就连接到一起了，才会导致每次投篮的时候，这个动作是连贯的。

其实我们搞传播也是一样。如果天天按照正确的思维模式思考，你发现未来判断任何一个问题，都能马上反应出应该怎么做。所以我们高手和低手的差异，表面上看是能否做出一个很火爆的事件，其实不是，是最后反应在你的身体里面，脑神经突起里面发生的变化。高手有神经结的连接，低手没有。这就是差异。所以最后变成了物理效应。

所以芒格讲，把正确的模型种在头脑中，一生运用它，你就成为绝顶高手。巴菲特操作股票，最赚钱的次数只有八九次，不超过九次，购买了九个公司，赚了90%的钱，剩下的他们没有操作，全是发现和等待。一个成长的企业，用这种思维模型买进股票以后，就不用考虑了，它一定会反映它的价值。这就是巴菲特讲的价值投资，我们大部分人做不到。在中国今天近亿股民当中，能做到这些的，学得最好的应该是OPPO的老板段永平。学完这个以后，他说他进步非常大。所以，脑力工作，水平的高低在于我们掌握的模型有多少，做传播也是一样。所以，未来的方式是，我们把这些超级传播的套路搞清楚以后，要运用到实践中去。

再有就是媒介的运用，媒介在每一个时代都有每一个时代的媒介形式，作为传播负责人，你要跟进媒介的变化，媒介的变化背后的逻辑是用户的变化和技术变化的结果，我们得洞察这背后的逻辑，才能用好媒介。

第四节　从传播到现象级传播有多远

一个好的品牌总监，起码要做到一个好的行业传播，而这还不够，好的行业传播之外，我称之为社会传播，全社会都知道，即使不买东西也让他们知道。好的社会传播之后，做一个超级好的社会传播，就像褚橙一样，就会成为一个社会现象。

我把企业定义为好多阶段。做生意，是一种企业形态；做品牌，是更高层面的企业形态；超越品牌形态的，可能是平台型企业，是更高的形态；成为平台型企业以后是一种什么样的企业形象，我们称之为社会型企业。社会型企业是我们做企业的最高阶段。这种社会型企业已经类似于宗教，但它不是宗教。它通过商业模式实现社会价值，将社会的资源利用到最高效，同时反过来为社会创造价值。这样的企业国内也有，国外也有。比如Facebook脸书，我认为他们接近于这种社会型企业。因为扎克伯格把他99%的钱都捐出去了。巴菲特的钱也捐出去了，捐给了比尔·盖茨的基金。所以这样的企业，钱已经不是它的属性，他们是社会资源的利用者，我认为那是大道无形，无形的传播，已经超越了最好的传播，不需要再去传播了。

我们今天讲的传播，还是常人能够理解，也能够做到的传播范畴。

第五节 打造现象级传播的十大密码

如何持续打造优秀的传播，我总结了十大密码。

所有的现象级传播背后都有一个好老板

我觉得做品牌总监，不仅是要做好我们分内的工作，同时一定要在品牌传播上领导老板，因为我认为好多老板不懂品牌，或者不重视传播。我曾经见过几个企业，老板认为卖得还可以，不需要传播。我说这不是你骄傲的方式和内容，如果你做好传播，销量翻一倍。因为领导有局限，如果你不突破他的局限，你做的业绩一定不会突破。所以做品牌总监，专业上要远远超越你的上级，因为你的上级是资源掌控者，但是他未必有你专业。要善于利用领导，调动资源，因为我们知道，做传播没有资源根本做不了事情。

"明犯强汉者，虽远必诛。"这句话是汉朝名将陈汤将军给汉元帝奏折中的一句话。他当时任西域副校尉，曾和西域都护甘延寿一起出奇兵攻杀与西汉王朝对抗的匈奴郅支单于，为安定边疆作出了巨大贡献。但当时出兵时，如果请皇帝批准，他要花很多时间，皇帝还不一定批准。后来他就矫诏，说皇帝批准了，所以他调动西域诸国的军队，但是没有调动汉朝当地的军队，不敢调，只调了西域很多小的属国，说皇帝命我们一起攻打匈奴，聚集了4万人马打了匈奴。把这个王国灭了以后，西域就安定了。后来回到了汉朝的大本营，好多大臣说，他犯欺君之罪是要砍头的。当时的皇帝是汉明帝，就模棱两可，因为一方面，他虽然是矫诏，但是解决了西域的问题；另一方面，确实假传圣旨，有罪，不能奖。所以就矛盾。无论大臣怎么说，第一，他不奖，第二，不惩。所以，这个将军完成了这样一个事情，还是因为背后有汉明帝这样的老板，要不然，假传圣旨，是一定要杀头的。

所以，一个好老板非常重要。如果背后有一个好老板，愿意听你在这方面的建议，我觉得你要好好珍惜，做出最好的业绩来。

所有的现象级传播背后都是战略

品牌传播要上升为公司战略，品牌总监要做到这个战略的推动，让你的上级知道品牌不仅是传播的问题，还是企业经营的战略问题。当定义为战略问题的时候，你的上级才会更加重视。

我举个例子，早期小米不去做广告，认为做口碑，做粉丝就一定会卖得好，当时我提了一个概念，后来我也在书中写到了，如果小米不投广告，增长一定会碰到瓶颈。因为他的粉丝和社会化营销的势能是有限的。当采用这种方式，把小米打造到一个很高的高度时，如果没有额外的推力，以前的势能就会枯竭。枯竭以后，没有新的能量接上去，它的高度是有限的。

小米后来在某个阶段下掉，不仅是产品的问题，从品牌传播上讲，跟没有及时跟上广告有关。广告是什么，是用钱解决思维不足和我们创新力不足的问题，并且解决我们人手不够的问题。如果你不会做广告，就不会是一个好的品牌总监。企业增长，在某个阶段一定会停滞。这是一个新的认识。研究的是人的消费心理，为什么用户看了广告以后会买东西，是用户心理有一个习惯性的认知。当一个产品在人的心中，或者头脑中有几十次曝光的时候，这种认知行为就会形成一个概念，这是一个好产品。当他使用的时候，一定会买好产品，这就是广告的效果。

广告都花大钱，花大钱就是需要战略的。

所有的现象级传播，背后都由源源不断的故事构成

褚橙火之前，其实是已经卖了很多年的橙子，原来的名字"云冠橙"。本来生活网的团队核心成员都是媒体出身，主打褚时健这个人物，主推褚时健的励志精神，将这个橙子命名为"褚橙"。本来生活也为褚橙定制了自己的包装，动用所有的媒体资源来包装了这个故事，挖掘褚时健的悲情故事，他们用文字能力，把它转换成一个励志故事，这个励志精神的把握是非常重要的第一点。

2012年11月底，王石在微博上转发了这条新闻，配了一句话："衡量一个人成功的标志，不是看他登到顶峰的高度，而是看他跌到谷底后的反弹力。"这条微博当时转发了将近4000条，评论超过了1000条。

自从王石转发以后，徐小平、杨东、杨景林等各界精英人士都发了微博，表达了对褚时健的敬佩。

基于褚时健的这个故事，借助于当时的微博载体，以及一系列的名人炫耀的心态，和对褚老这样的情怀，褚橙获得了前所未有的关注。当时本来生活网的一个市场总监写了一个slogan，这个slogan在褚橙的传播中也是非常重要的，"人生总有起落，精神终可传承"，打动了很多消费者的心。

所有的现象级传播背后都是成本

当这些解决不了问题的时候，钱来解决，这就是几年前OPPO广告无处不在的逻辑，在飞机场，在高铁站，在地铁站，OPPO、VIVO的广告一旦发布就是一排，气势很震撼，每一次，都让你无处可逃，再加上画面精

美，各种不同类型的代言人靓丽，用户也不会太反感。后来小米也开始了大规模的广告，也是这个道理。

所有的现象级传播背后都是高手

能作出现象级传播的操盘手，都是高手，如果你想做出现象级传播，你的核心是要成为高手，得按成为高手的路径去进化。所以，总结一下，第一，做品牌总监，大部分人都会停留在习惯的方式里。在你发现之前，都可能停在舒适区内。如果我们想要打造这样一个学习的概念，就一定不能停留在这个状态，否则你二十几岁是这个水平，三十几岁是这个水平，四十几岁还是这个水平。第二，学以致用。这些方法论必须在企业里面应用，在个人的传播实践中应用，有效学习。第三，请教练和导师，有帮助。为什么很多 NBA 的球员，包括科比，这么高的水平还请教练，教练是从第三者的角度来反馈你的训练是不是对的，他打球未必比你好，但是他从第三者的角度来及时给你反馈，你才有机会改进。任何一个高手，对自己都有盲区，也就是我们中国的道家哲学理念，叫灯下黑。

所有的现象级传播背后都是情绪

褚橙是典型的励志橙，当时褚橙的成功，就是操盘者调动了消费者的情绪。昔日烟草大王褚时健 75 岁再创业，10 年后褚橙首次进京；王石、徐小平等名人微博转发，引发热议；"环境威力法则"则是年底的政经氛围和消费狂欢，需要某种精神宣泄。

褚橙是这样的情绪，《战狼 2》《流浪地球》也是这样的情绪，你只要调动了用户的情绪，传播就水到渠成。

后来本来生活网还操盘了潘石屹的潘苹果，没有成功，因为潘石屹作为一个超级 IP 来说，潘石屹跟苹果离得太远，很牵强附会，没有褚时健的经历那样能调动整个社会的情绪。

所有的现象级传播背后都是跨界

跨界首先是一种思维模式，企业的创新多在边缘地带产生，传播也是一样，今天已经很难依靠单一创意、单一渠道、单一媒介获得现象级的传播效果。特别是今天媒介泛化，产品、品牌本身就扮演了媒介的部分功能，就更需要跨界产生新力量。

家居产业里的各种联盟盛行，比如冠军联盟、好家居联盟、1 号联盟，不仅共享客户促销，还增加用户不同装修环节的体验，用更低的成本共享了相互的传播资源。

当然跨界也不是随随便便就跨界，是需要考量的，比如底层要有共同的精神气质，体量互相能够匹配，能建立共同的体验连接点，传播要素能够共享等，当然，跨界成功的基石，还是品牌自身在传播创意、资源匹配、长期坚持、持续输出故事、调动用户的情感等。所以跨界只是打造现象级传播的一个要素而已。

所有的现象级传播背后都是套路

今天所有东西都是围绕"如何成为高手"讲的，高手就是反复做成现象级事情的能力，传播高手就是反复做出现象级传播的能力。高手和低手的差距在什么地方？芒格和巴菲特两个人搭档了五十多年，基本没有亏钱，都是挣钱，并且挣的是绝对的大钱，而他们的操作是极少数的。举一个我个人的例子，高一的时候，第一次历史考试我才考了五十多分，这很难想象。一个班五十个学生，我考了三十多名。我很惭愧，就反思自己怎么考这么低，规律在什么地方，后来我发现了一个应该怎么学历史知识点的方法。我把这一章学得足够透，然后我这一章基本上背了，光背还不行，得理清里面的知识点，考试的逻辑，就是反过来思考考题怎么出，我就怎么学。第二次考试时，我就是第一名了。形成了这种格局以后就没有掉出过前两名。

好吧，一切都是套路。

临界效应 /lollapalooza 效应

很多事情到达一个临界点的时候，都会爆发你意想不到的结果，比如当一个人储备的知识达到一定量的时候，就会产生惊人的威力，整个人都变了，查理·芒格称之为 lollapalooza 效应。

现象级传播是传播达到临界点时的效应，把现象级传播拆解为微传播的动作，每天都在传播，微传播累积为现象级传播。江小白成为现象级传播事件，花了好几年时间，过程中并不为人所注意，只是到有一天，你突然发现，有关的人，没关的人，都在跟你讨论江小白现象，或者都知道几句它曾经推出的情怀段子，你曾经忽略的事件，好像突然变为现象级传播事件。

只有现象级传播而没有现象级的销售那不叫现象级传播，持续的微传播最终形成了现象级传播。

同一物种产品的持续迭代，最终引发物种之间的迭代，从普通传播到现象级传播，也类似这样的迭代。

把眼前的每一件事情做到极致，下一步的美好自然就会呈现。

所有的现象级传播都有一点小运气（概率）

我们要成就一个现象级的事件，天时地利人和，必备才可以。对我们来讲，这种成功的运气，其实讲的是概率。运气绝对不会凭空掉在一个低手手上，能够成功的一定是高手，所以，是否成功是一个概率问题。我们为什么学这些打造现象级传播的套路，是要提高我们成功的概率。让现象级的传播变成一个高概率事件，而不是低概率事件。我认为，当你学会了这些基本的套路之后，理解底层逻辑、理解跨界，基本上可以反复做出现象级的传播事件来。万一做不成，那个才是运气。你很有幸的有一次没有做成，那就是大运了，因为我们可以从失败中学到更牛的事情。

真正使乔丹成为巨星素质的，是乔丹对失败的痛恨，为了赢球他可以做任何能提高自己技能的事情。

希望每一个品牌总监，都讨厌不能成为一个 Top 品牌总监的自己。加油吧！

第八章

竞争变革：品牌再决战

导言　耐心蓄力，静候决战

今天的竞争越来越复杂，我们再也不能用传统的思维和手段进行简单的竞争。但竞争永在，就像达尔文《物种起源》中描述的生命进化史那样，遗传变异，适者生存，最后剩下来的生命体，不一定是当时最强的，但一定是在进化与变异中最适应环境的那一种。

不会决战的品牌都不是好品牌，不会决战的企业都不会是最后的赢家。在企业漫长的发展过程中，能坚持到最后的企业，都有自己的核心竞争能力。但爬山终有汇顶之时，每一个时代都有每一个时代的决战，决战一定会到来。

耐心蓄力，静候决战。

第一节　为什么开始了新决战

增长的极限

对于在高增长环境中成长的中国企业，很难理解增长的极限在哪里。事实上是，每一个产业发展到一定阶段都会遇到阶段性的困局，每一个企业家的认知在每一个阶段都有一个局限，每一个企业在每一个阶段都会遇到难以突破的瓶颈，有时候，产业的、企业的以及企业家的认知等这些瓶颈，会突然在某个阶段同时陷入"滞涨"，过去那种因为市场增量在不断扩张，每一个企业都有腾挪空间的窗口期消失了，或者因为企业的增长和体量达到一定高度，竞争对手之间的边界交错了，市场开始进入红海，惨烈的竞争便开始了。

为什么增长的极限离我们越来越近，我们先从日常现象说起。

很多人初次见面的时候，往往会问对方从事哪行哪业，然后下一个问题大概是："这行怎么样？"最后共同的回答往往是："现在哪一行都不太好干！"

还有一个日常中很有趣的现象，就是很多人都觉得自身所从事的行业前景堪忧，把眼睛"瞅向"其他行业。举例来说，由于整个房地产行业的衰落，建筑工程及下游衍生的家居家装行业都遇到了市场的"天花板"，许多相关从业者往往想转到其他行业，比如说去做酒水，因为大家都知道酒水的利润很高，貌似这个行业"躺赚"。但酒水企业相关从业者却也大吐苦水，说酒水行业并不好做，尤其是省级酒企及以下酒企，受到一线名酒与新型酒水品牌的双重挤压，日子步履维艰。大形势也确实如此，自从限制"三公消费"的政策出台后，很多酒水企业除了"茅五剑"等头部巨头外，销售形势早已跌入冰谷。

以上只是从人们的日常聊天说起，由此可见，任何行业都不是我们想象中的样子，俗话说"春江水暖鸭先知"，如果把行业看作江水，行业好不好，只有置身其中的"鸭子"才能真正体会到；再者，好与不好都是阶段性的，因为所有行业发展到一定阶段都会遇到困难，到最后阶段普遍会遭遇增长的极限，也就是我们常说的市场天花板，有时候这个天花板，也间接地反映了企业的认知也面临天花板。

一个行业的整体市场遇到了难以突破的天花板，其中既有经济发展的规律，也有行业发展的规律。我们都知道，中国民营企业的存活率仅为3%，企业的生命周期大概是 3 年，超过 10 年的企业少之又少，这些企业的生生死死都逃离不开经济发展和行业发展的内在规律。

难以突破的经济周期

早在 1926 年，俄国经济学家尼古拉·康德拉季耶夫就提出了著名的"经济长波理论"，根据近代经济发展情况，他认为每 50—60 年为一个经济大周期，称为长波或大循环。在每一次大循环中，经济的发展都有上升（繁荣）和下降（衰退）两个阶段。

最近几年，我们经常从中央经济工作会议的新闻发布中看到这样的表述，"我国经济基本面向好，但目前经济面临下行压力"。经济面对下行压力，说明我们当前已经脱离过去的高增长阶段，处于经济大周期中的下降（衰退）阶段。事实上我们也能感受到经济的寒冷，从每天映入眼帘的新闻标题可以看出，世界贸易摩擦不断，全球经济格局重塑中；房市冷淡、股

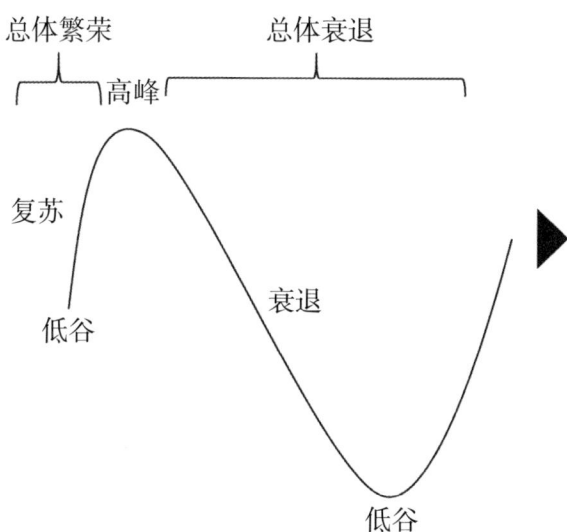

图 8.1 尼古拉·康德拉季耶夫的经济长波理论简图

市不振；零售行业出现营收增长下滑；部分企业变相裁员，甚至打出了"活下去"的口号。

在经济下行压力下，由于消费乏力，多数行业都会经历衰退，我们可以查一下 2018 年的一些行业数据报告，基本上涵盖所有的消费品行业，包括房地产、汽车、快消品、服装、家居建材等行业，增速全部在下滑，除了少数附带"口红效应"属性的企业，受"低价产品偏爱趋势"可能实现逆增长。

再来看行业发展规律。行业的发展既受经济环境的影响，但自身发展也有内在规律，我们可以称之"行业生命周期"。任何行业的发展周期都可以概括为四个阶段，即初创阶段、成长阶段、成熟阶段和衰退阶段。对于每个阶段的行业发展状态在此不进行详细描述，有兴趣的读者可以参考一下竞争战略之父迈克尔·波特提出的"五力模型"。总的来说，任何行业的发展都呈现出这四个阶段的发展过程，基本上概莫能外。

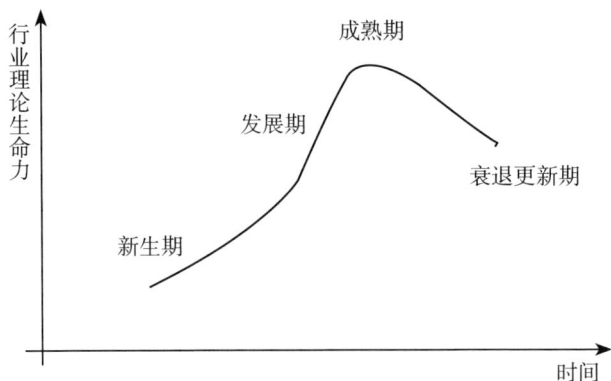

图 8.2　行业生命周期简图

随着科技的迭代以及消费习惯的改变等原因，任何行业的产品（服务）销售量和利润在最后一阶段都会持续下降。一方面，产品（服务）在市场上已经"老化过时"，不再适应新的市场需求，市场上已经出现其他性能更优、价格更低的新产品（新服务），逐渐替代直到全部替代过去的产品（服务）；另一方面，随着竞争的白热化，处于行业中的各个企业大打价格战，成本居高的企业由于无利可图而陆续停止生产，厂商的数目逐步减少，市场逐渐萎缩，利润率停滞或不断下降。当利润无法维持现存行业生存时，整个行业就面临解体或重新洗牌的格局。

我们可以拿家电行业来举例，在我国，家电行业是一个非常成熟的行业，很多年前的市场格局就已"刺刀见红"，倒下了不少的企业。对红利出尽的家电行业而言，整个市场已经触及了难以继续要求增量的天花板。从去年的年报来看（只看家电主业），以格力、美的、海尔为代表的几个家电巨头企业都不同程度地出现营收下滑的情况，这背后既有经济不景气以及家电刺激政策退出等宏观因素，也有行业自身发展难以跟得上消费趋势的因素。我们可以看到，很多互联网企业已纷纷跨界进入家电行业，技术更超前，体验更丰富的产品进一步蚕食了传统家电企业的市场份额，使其发展受阻，不得不寻求新的增长点。例如：TCL集团去年开始"瘦身转型"，抛掉消费电子和家电等智能终端及配套业务，聚焦于半导体显示及材料业务，即TCL集团上市公司将变身为华星光电的融资平台；格力在前段时间的"全员营销"也曾引发广泛关注，据说"全员营销"的背后，是格力电器想要借着员工的"朋友圈"更大程度地提高在互联网生态圈上的存在感。

不单单是家电行业，其他很多行业也面临类似的窘境。实际上，无论你愿意不愿意，过去的增长红利，如人口红利、互联网红利等，现在都已成过去式。如今，要向增量要红利变得难上加难，大多传统企业只能在存量中竞争，这就加剧了品牌竞争的惨烈度，到最后，谁能在品牌决战中"一战定乾坤"很难预测。

格力董事长董明珠曾大胆放言："没有天花板的行业，只有天花板的企业。"但事实上，行业还是有天花板的，企业家如何突破行业天花板，则是另一个战略问题。在经济形势不容乐观和行业瓶颈期的双重限制下，当下所有的企业都置身其中，必将迎来决战的时刻。

当然，能够进入决战环节的企业永远是少数的优胜者。未来，企业想要取得持续的成功，需要靠企业自身正确的思想和行动，只有创造未来，未来才会属于你。

第二节 决战都是阶段性的：
近40年历史上的几次品牌决战

中国经济发展40年以来，很多行业的发展已经充分经历了前文所说的四个阶段，有些行业日渐式微，比如钢铁、煤炭等，有些行业不复存在，比如过去流行的录音机、VCD/DVD等。过去的40年，宏观经济形势总体基本面向好，所以决定多数企业发展的并非宏观经济走势，而是行业发展规律，只要能够在每个阶段迎合行业发展趋势，变革要素，大胆决战，都会有所发展。反之，畏首畏尾，不敢变革，则会被时代所淘汰。因为在每个阶段，由于市场的需求不同，用户的属性不同，商业运行的底层逻辑不同，导致每个阶段决战的核心要素也不同。

在这40年中，中国企业经历了哪些大的品牌决战？笔者概括为以下六个。

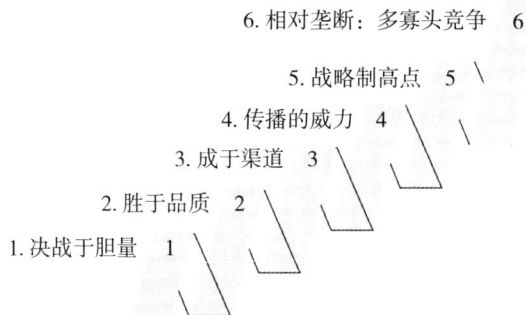

6.相对垄断：多寡头竞争　6

5.战略制高点　5

4.传播的威力　4

3.成于渠道　3

2.胜于品质　2

1.决战于胆量　1

图8.3　企业在不同阶段品牌决战的核心要素

决战于胆量

20世纪80年代初期，改革开放刚开始的时候，最早的创业者对未来是没有明确判断的，因为私有财产还没有被认可，直到1993年，第一部《公司法》才颁布。那个时候投机倒把还是罪名，很少有人敢于贸然走出这一步，所以在这一阶段中，谁能迈出第一步，谁就获得了先机，笔者称之为胆子大的品牌决战。

由于市场刚刚从封闭走向开放，所以这个时候的市场是需求旺盛，供给不足，在这个阶段的决战中，并不表现为企业之间的残酷竞争，甚至连基本的企业管理法则都没有，而表现为创业者之间胆量的竞争。

所以，这个时代最大的品牌就是企业家自身的胆识。

这个时候的民营企业家，他们身上不一定有文化有知识，也不一定像今天的企业家张口闭口谈营销谈管理，但共同的特点就是胆子大，敢于尝试。

先行者可以尝到先行的甜头，却未必能笑到最后。这样一批企业家在今天留存下来的寥寥无几。竞争不是一劳永逸，而是一轮又一轮持续的残酷竞争。在此举一个广为人知的案例——傻子瓜子老板年广久，曾经被总设计师邓小平在文选中提及（《邓小平文选》第三卷第371页）。从改革开放到今天，市场已经发生了翻天覆地的变化，但年广久仍旧是一个个体户，到现在80多岁了仍旧站在柜台卖瓜子，虽然当年他是第一个"敢于吃螃蟹"的人，但他的思想观念、所作所为、管理组织却没有发生显著变化，在他身上甚至会感觉到时代已经停止。

胜于品质

当"胆子大"这一草莽江湖的竞争阶段过去之后，新的竞争开始了，随着消费者群体的扩大与消费认知的成长，人们对产品品质的要求越来越高，这也意味着竞争提升到了一个新的层面。

当市场需求旺盛而供给不足的时候，人们对品质的需求是模糊的，甚至是没有的。而当供给变得充裕的时候，数量就居于末位而质量居于首位。所以当前期一批胆量大的企业家还沉浸在过去沾沾自喜时，一批先行者已经发现了未来消费者对品质的要求。

在这个阶段，一些企业开始注重产品的品质。本书第一章中曾提到海尔张瑞敏砸冰箱，就是对这一阶段市场诉求的回应，也正是因为张瑞敏的敏锐判断，使海尔在当时的冰箱品牌中脱颖而出，进而成为整个"白电产品"的领先企业。现如今，海尔在张瑞敏的带领下，面对时代的突变，依然采取大胆变革的步骤，持续进步，使得海尔在全球范围内都可以称得上是优秀的企业。所以，我们今天看到，即使海尔已存在了几十年，依然能焕发出新的生机和活力，而那些停滞在"数量上"的企业早已消失得无影无踪。

成于渠道

这个阶段，单纯的品质超前已经不具备竞争力了，而是发展到了争夺渠道和终端的竞争阶段。当品质开始成为市场需求的重点要素后，多数企业看到少数企业在品质上的成功，也开始注重产品品质，逐渐地，品质竞争很快进入到无差异化竞争，产品同质化严重，价格战不断上演，单纯的品质已经不能决定企业在竞争中处于优势地位。

这时，一批眼光独到的企业家开始洞悉到一些新的竞争要素的出现，因为中国市场的博大和纵向层次多，导致了各层消费能力不均衡，进而导致竞争层面的不同。所以，谁能够占据更广的区域，能够将产品"铺设"到更多的消费者面前，谁将会获得新的竞争优势。这时候，很多具有超前眼光的企业开始对渠道进行建设，导致了一批新的企业脱颖而出。

这是中国式营销——深度分销大放光彩的时候，也是如今国美、苏宁能够成为连锁巨头的原因。

"苏美"在起步的时候，敏锐地发现品牌企业对渠道和零售终端的强烈需求，迅速扩张全国线下零售渠道，从而推动了家电渠道的快速发展。在此过程中，也有一些头部品牌企业试图扩张自己独立的连锁体系，但这样的成功案例是极少数的。当品牌企业跟零售连锁巨头进行深度合作，并且用自己的专卖店以及其他的零售体系作为大零售补充的时候，它们在这个阶段获得了飞速增长。

不仅仅是家电行业，其他消费品行业也有类似的情况，比如饮料食品行业、服装行业等，这个阶段的企业不约而同地喊出了"渠道为王""终端制胜"的口号，把握住这一竞争要素的企业往往能够成为当年各行各业的翘楚。

传播的威力

随着竞争的进一步加剧，很多企业发现只是品质好、渠道好，并不能取得完全竞争优势，因为新的竞争要素又出现了，那就是广告的威力。

随着电视的普及，企业经营的竞争要素中，传播好、影响好成了新的要素。所以当年一批新的企业开始在央视做广告，有的企业因此成了标王。当更多的人知晓这些品牌的时候，这种知名度对渠道商的吸引，对消费端销量的促进都产生了巨大的拉动作用。

在这个阶段，一批重视传播手段，并且在品质、渠道上也足够强势的企业，形成了综合能力极强的大型企业。

战略制高点

当企业在品质、渠道和传播这三个基本要素都具备之后，一些新的竞争要素又开始出现了，那便是战略。所谓战略，是指一个企业在一个较长时间内的发展规划，体现了企业对未来社会趋势、用户、技术、变革的预见性。具备战略思维的企业可以站在更高的维度上看待发展和竞争，所以，对产品的规划，对品牌的管理，对技术的研发，对团队的建设，对组织制度、体系流程的梳理，对资本的运用，都体现出了更高的水平。

一个优秀的战略，匹配一些可以落地的战术同时进行，就像是空军和陆军配合作战，具备这种体系作战能力的企业在这一阶段获得了更快、更持续的发展。

相对垄断：多寡头竞争

经济学上的寡头市场是指一家或少数几家企业供应该行业的大部分产品，这几家企业的产量在该行业的总产量中占较大的份额。这里所说的寡头竞争还是相对比较充分竞争的市场，并未达到像石油行业中几家巨头、烟草行业中一家巨头的彻底垄断。

当一个行业中的部分企业通过品质、渠道、传播、战略的构建，最后成了这个行业的寡头型企业，那么这些寡头型企业占据了行业大部分的市场份额，由于彼此在体量上足够大，管理上也足够完善，所以他们之间从长期来看基本上处于无法消灭对方的状态，但同时又在不断地竞争博弈，这就形成了一个多寡头的竞争。

这种格局就像我国的战国时代，最多的时候有一百多个诸侯国，最终则形成了七个实力最强的国家，称之为"战国七雄"。所以在一些比较成熟的行业里，都能看到几个实力强大的企业，他们占据了很大的市场份额，同时也在相互竞争。他们的规模、体量、知名度决定了他们龙头型企业的地位，但这些龙头型企业的位置并不是一成不变的，实力也在动态竞争中此消彼长。

在如今这个竞争异常激烈、未来变化捉摸不定的商业环境中，没有什么是固定不变的，我们必须多考虑，未来3—5年内，在产业边界、行业边界、企业边界模糊的情况下，形势会发生什么样的变化？新的发展方向在什么地方？这些都是企业需要着重考虑的战略问题，如果在这些重大策略和战略问题上误判形势，产生失误，企业就容易陷入不利的竞争地位，甚至万劫不复都有可能。

过去很多进入多寡头竞争格局的企业，也曾一败涂地，比如家电行业的新飞空调、美菱冰箱等，都曾经是行业中的佼佼者，但今天都已经败落甚至沦为资不抵债、破产的境地。再比如手机行业中的翘楚摩托罗拉和诺基亚，国产机中的波导、夏新、联想、"中华酷联"中除了华为外的企业，这些都曾是中国本土手机品牌的杰出者，现在又都去哪儿了呢？

所以，在重大战略、竞争策略、资源配置等各方面的不到位和失误，都会导致企业衰落，甚至完全退出其所在行业。

第三节　零边界时代品牌决战的特性

上一节梳理了近 40 年中我国企业的六个品牌决战的关键阶段，每一阶段的品牌决战虽然侧重点不同，但有一个共同点——行业内外的边界相对清晰，企业之间的竞争边界也相对清晰。在当前向零边界过渡的商业竞争环境中，行业内外边界完全打破，侧重行业内竞争又容易忽略行业外的"敲门人"。

所以，企业又将面对新的竞争环境，这种全新的商业生态与过去相比，说得严重点儿有"100 年未有之大变局"的格局之变，未来发展太快、涉及面太宽、影响行业太深，所以对未来的研判无法下定论，但在过渡状态中却可以大致推测零边界商业时代品牌决战的几个特性。

全网用户成常态

当互联网购物尚未开启，只有线下市场的时候，所谓的全国市场，其实是分布在全国各地、各个层次的区域性市场，由于信息、物流等基础服务的落后，很多行业都能够形成一些区域性品牌，并在当地占据强势的地位，这一现象在行业集中度不大的食品酒水、服装、家居建材等领域非常普遍。

在互联网购物兴起之后的 PC 互联网阶段，除了线下的用户，也形成了线上的用户，但线上的用户因为 PC 端电商平台无法与线下打通，所以在线上和线下形成了一些互相区分的用户，并且不同的电商平台，其用户形成购物习惯之后，要迁移到新的平台也并不是一件容易的事情。

PC 互联网本身的属性局限了全网用户的形成。首先是无法做到全民上网，特别年轻的用户和特别年老的用户，他们不会使用电脑，不会上网或者没有机会上网，他们无法构成新的全网的用户，他们成了 PC 互联网时代"被遗忘的人"；其次是地域上无法打通，很多不同的区域，用户消费习惯不同，例如很多三、四线城市的用户，通常在当地的零售市场，也许是街边摊，也许是老旧的百货大楼购物，并未形成在线上购物的习惯。所以在PC 互联网时代，用户的区隔并未完全被打破。

只有当移动互联网出现的时候，用户的界限鸿沟才完全被打破，形成了覆盖绝大部分人的全网用户，这个全网用户的概念是，只要会使用智能手机，就成了线上用户。过去由于用户年龄、职业、地域等各种属性形成的门槛，在今天完全消失。我们可以看到很多乡镇农民、很多老年人也能够使用智能手机，不仅可以用微信通信，而且能在手机端购物。更有甚者，就连乞丐也能用微信来乞讨。

全网用户形成后，就对企业的品牌竞争提出了新的机遇和挑战。新的机遇就是过去只是区域性影响的品牌，现在可能覆盖到全国用户了，那些实力浑厚、本身就有巨大品牌势能的企业，在新的全网用户中可能会影响到更大的人群。

当年互联网购物兴起不久后，很多传统品牌对互联网还有隔阂，甚至采取抵触的态度，他们认为互联网电商对其所在业态形成了破坏，但随着移动互联网影响到人们生活的方方面面，我们很少看到传统企业抵制互联网，反而都想办法融入其中。因为他们发现互联网并非"坏事"，反而会助推其品牌发展，如果互联网工具运用得好，其发展将会如虎添翼。

机遇也意味着挑战。由于全网用户的形成，信息能够在全网流通，对于品牌（无论大小），也形成了新的挑战。因为信息的无限互通，也意味着品牌信息在用户心中的透明，如果品牌出现一个小的瑕疵，就有可能对企业品牌造成致命的伤害，对于那些缺乏公关经验、抵抗能力弱的品牌甚至是灭顶之灾。

第三方服务的崛起

在传统商业时代，第三方服务一直存在，但是没有形成全国品牌，一直只是区域市场的服务。但随着移动互联网全网用户的形成，很多一定规模的第三方服务已经成了具有影响全国市场能力的品牌。

第三方服务包括很多内容，比如线上的移动支付系统，以前需要用现金或 POS 机刷卡，受地方和时间的限制，今天移动互联网的发展让我们随时随地都能够扫码支付，大大提高了用户购物的便利，同时也加速了商品的成交。有心理学调查统计显示，相对使用现金支付或银行卡支付，用户使用线上支付的时候，考虑成交的时间是很短的，因为线上支付减少了人们对购买的深度思考，当我们用现金或刷卡的时候，可能会"掂量掂量"，但使用移动支付往往略加思索就会产生购买决定。

再比如线上的精准营销也属于第三方服务。全网用户形成后，我们需要捕捉到需求某个产品或某项服务的真实用户，按照传统广告的投放方式是无法捕捉到精准用户的。所以，通过技术手段对用户画像，形成对目标用户的精准的广告推送，使得今天的线上广告投放效率得到很大提升。

第三方服务中的一个"大头"是仓储物流配送及安装入户。如果没有第三方仓储物流配送的兴起，即使全网用户形成，也无法形成全国市场和全国的用户。随着电商平台的崛起，顺丰、"三通一达"等第三方快递物流公司，都获得了快速的成长。现在，第三方物流服务价值占整个 GDP 比重为 14.6%，与美国的 7.2% 相比较高，与全球平均水平 11.7% 相比仍然较高，所以中国的第三方物流服务应该是走到了世界前列，这也是为什么京东仓储物流估值非常大，使其能够在电商领域形成核心竞争能力。

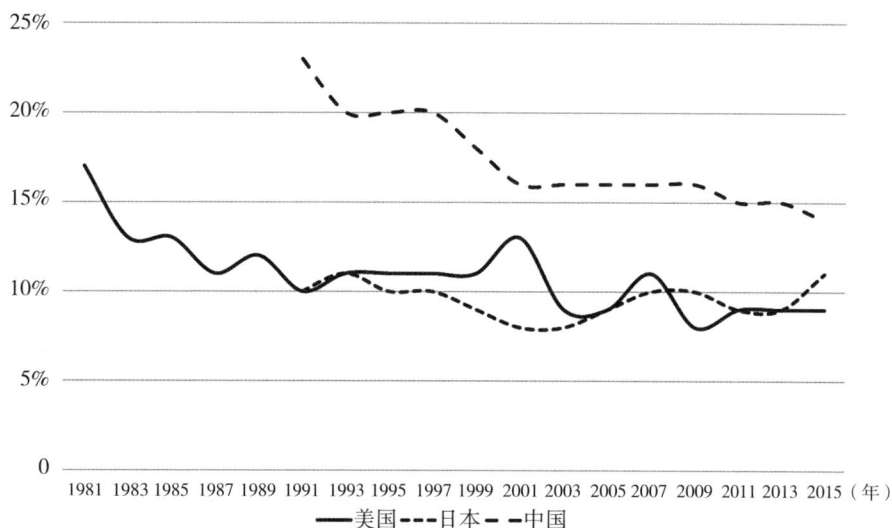

图 8.4　美国、日本、中国物流占 GDP 的比重（1981—2015 年）

　　当然，按照经济学中分工的理论来计算，分工是效率的基础之一，分工在某个细分领域越细其效率也越高。但是在整体经济发展形态上，分工越细，行业与行业之间越会形成信息的隔阂。所以分工的目的是为了更高效地聚合，分工与聚合形成了商业生态的正反两面，从而提高了整个商业生态的整体运作效率。

竞争的全球化

　　自从加入 WTO 以来，我国一直在加速全球化，成了全球最大的商品进出口贸易国，这也就意味着中国的产品越来越面向全球化的竞争。以奶粉为例，在中国奶粉市场中，洋奶粉占据市场的比例大概是 60%，国内品牌仅占据 40% 的市场份额。有段时间，中国内地消费者为了买到进口的奶粉纷纷从香港代购，还导致了香港市民对中国内地居民的极度排斥。今天海淘电商崛起，全球的产品都能够在第一时间进入到中国。比如加州的脐橙、澳大利亚的牛肉、英格兰海域的三文鱼等，这些新鲜食品都能够在第一时间进入中国市场。所以，凡是今天能够在中国市场立足的品牌，在某种程度上都是优质的品牌，因为在某种程度上已经与国际大牌开始竞争了。

透明化格局

所谓台面化，就是把原本隐蔽的实力摆在公开的台面上。企业竞争的台面化，意味着今天所有的竞争就像打牌一样。拿斗地主举例，我们都知道，斗地主的高手，玩到最后，即使对方的牌没有亮出来，也能大致猜测到对方的牌，所以只要打法不出错，都是底牌实力占优的选手获胜。今天的企业竞争也处于这样一个状态，企业彼此之间的实力对比越来越明朗，不存在所谓的"撒手锏"，最后只能依靠谁都看得见的实力获胜。对于综合实力不够的企业，未来被碾压出局可能会成为大概率事件，所以今天的品牌竞争到了决战阶段，所有的竞争都是以实力作为基础。

除非出现颠覆式创新，那才是创新企业的新机会，也是大企业的绝命杀。

加速终局化

中国品牌发展的40年，很多行业都已经形成了几家独大的寡头格局，那些还没有完全形成寡头的行业，也在加速集中化。

比如家居产业，曾经有十几万个品牌存在，但最近这几年，在去产能、环保严格的要求下，大量品牌已经因为经营不善或订单不足而倒掉，只有部分领域的品牌每年能够实现一定的增长。过去，我们认为家居产业很难产生百亿级的企业，事实上在2018年已经产生了第一个过百亿级的定制化企业，并且数家家居企业已经喊出了千亿目标，家居产业已经很明显地表现出加速集中化的趋势。

如此看来，所谓的终局化，就是行业发展到一定阶段，品牌的格局相对固化，形成了排在前面的几个寡头、处于第二梯队的少部分企业，和第三梯队中针对特殊市场和特殊用户的小微企业。在这样一个层级中，第二梯队的企业很难突破到第一梯队，第三梯队的企业也很难跃升到第二梯队。当然，前面梯队的企业如果经营不善，也会容易落入到下一个梯队的序列里来。如果这些企业在战略发展上不出现大问题，在不远的将来我们会看到，这些行业都会加速集中化，市场份额会被位居前列的企业瓜分殆尽。

在中国的房地产市场，曾经有数万家房地产开发商，甚至在每个县城都有很多大小不等的地产公司，凭关系拿一块地就可以盖一栋楼，就可以形成一定的销售。但是今天我们可以看到，随着碧桂园单个企业成交5000亿元，在一个10万亿级的市场，前10位的企业，总体的市场份额在今天已经占据了整个市场的40%。所以，今天标准化程度越来越高的行业，或者资金需求门槛越来越高的行业，都将会加速集中化，在这一加速集中化的过程中，将会使竞争格局产生根本变化。

第九章

场理论——如何重建商业边界

导言　如何找到零边界商业时代的新锚点

对任何事物的认知和判定，都需要一个锚定物作为初始参考点。就像一艘船停稳在港口，需要将船锚抛在水底，否则就会被海浪冲到不知所踪的海域。

货币的发行需要"货币锚"，互联网的正常运行依靠分布在世界各地的13个"根服务器"，飞驰的高铁需要"无碴轨道"。可见，无论是实体的还是虚拟的事物，都需要一个锚定物才能界定和运行。

写作本书时，我也不停地思考如何找到零边界时代商业运行的新锚点。过去的企业发展具备平稳运行的锚点，因为我们很容易把握企业与企业之间、企业与行业之间、行业与行业之间的边界。在企业发展过程中，也存在让我们心存敬畏的鸿沟，我们不会轻易踏入不熟悉的领域，以便保持一贯专注的层面和领域。但未来商业存在和运行的新锚点已远远超越了过去我们所依赖的基础与环境，建立在了新的认知边界上。

过去敬畏的鸿沟已经被彻底填平了。那么，零边界商业时代的新锚点是什么？

我想用"场"这一抽象概念来统领零边界商业时代的新状态，并表明企业与环境之间的相互作用。

"场"是什么？任何物质的存在和相互作用，大到星体小到一颗基本粒子，都需要一个场的存在才能说明和解释，这就是常说的"场理论"。

物理学上说，场是物质存在的一种基本状态，是能量、动量和质量三位一体的存在。这一概念对企业分析有借鉴意义吗？又该如何理解呢？

质量，放到企业界可以引申为企业规模，就是一个企业所有可量化要素所构成的体量，即可以用货币计量的有形资产和无形资产。包括一系列生产资料、生产工具及团队实力、技术实力、产品及品牌的资产、渠道实力、动用外围上下游资源的力量。

能量，是质量的另外一种形态，根据能量守恒定律，物质的存在，有时以能量态存在，有时以质量态存在，宇宙大爆炸就是从能量态到质量态的转换，当时满满的能量，只有宇宙大爆炸后才形成了今天质量态的宇宙，也产生了人类赖以生存的地球。所以，能量可以喻为企业的竞争能力。

动量，可以引申为企业的发展速度。在新的商业环境下，企业必须以一定的速度发展，必须不停奔跑，才起码能停留在原地，如果跑慢了，连原地踏步都不可能，更遑论领先。

所以企业的场，就是一定规模、一定竞争能力，并以一定速度发展的企业与新的外界交互的状态。

每一个企业与环境构成不同的场，最后形成所有企业与大环境的大场，形成了全要素构成的复杂网络。

这个新的场，形成了企业生存的新结构，适应新结构的企业得以生存，不适应新结构的企业被摧毁。这个结构让存量市场的格局重新界定，又极大地创造新的增量市场。

新的结构正在形成并深化中。好消息是，过去强的未来不一定强；坏消息是，你必须进化，否则，未来无你一席之地。

第一节　边界—零边界—场—竞争

从边界到零边界状态的过渡，如果这是一种确定性方向的话，那么在这场必须面对的商业变革中，企业该如何应对新的竞争？

这是一场对新结构适应速度的竞争

今天的商业竞争，不仅是发展速度的竞争，也考验企业对新环境的适应能力，就像一列绿皮火车，可以在老轨道上不断提速，但却无法在新的高铁轨道上运行。因为互联网、云计算、智能设备等商业基建已经成了一座"桥梁"，将过去横亘在不同行业、不同企业间的阻碍全部打通，使得各行业、各企业之间相互融合、相互渗透。未来，要想在时代变化中发展和竞争，不论是老的巨头，还是新的独角兽，都需要在没有边界的商业结构中，形成新结构，及时布局，快速适应。

核心业务要确认边界，创新业务要模糊边界

企业的发展再也无法遵循传统的竞争界限，过去我们强调企业要专注于自身优势，要谨慎对待多元化或跨界延伸。但今天，由于竞争的存在，以及层出不穷的"门外汉"跨界，单凭专注已经无法守住专注的优势，但又必须通过确定自己的核心业务来确认边界。但这远远不够，针对未来，还需要进行业务创新，而创新，多数都是跨界，而跨界，则需要模糊边界。

复杂网络背后，关键要素的影响大于环境整体的影响

2018 年，美国以安全的名义疯狂打压华为，当时华为组织了一场西方记者见面会，有西方记者提问："华为最近遇到了一些困难，请问华为内部是否系统地评估过，这么多年的研发创新投入是不是可以抵抗这些困难？"

任正非的回答是："今天可能要碰到的问题，在十多年前就有预计，我们已经准备了十几年，我们不是完全仓促、没有准备地来应对这个局面。这些困难对我们会有影响，但影响不会很大，不会出现重大问题。"

著名策划人王志纲在他的一篇题为《"盗火者"任正非》的文章中记述道："在十几年前，也就是中国刚刚加入 WTO，中美关系的蜜月期间，华为就开始为日后的制裁做准备，这话听起来像是天方夜谭。但其实此话不虚。

"2001 年中国顺利加入 WTO，谈判代表龙永图名满天下、载誉而归。同为贵州老乡的任正非，曾专门设宴向龙永图请教国际关系。那时任正非已经开始布局华为的全球化战略，他意识到，想要进入全球化的主战场，免不了和西方大财团甚至政府打交道。

"于是他问龙永图：华为应该按照什么样的规则和法律体系来制定自己的全球化战略？龙永图说道，当然是以联合国公认的条例为基础。任正非却表示不认同，他认为规则的制定权和解释权最终还是掌握在美国的手里，美国的掣肘才是将来华为全球化过程中最大的阻碍。如今事实证明，从未涉足过外交领域的任正非说对了。"

这说明，在今天全球化这样的复杂网络结构中，关键节点对网络要素的影响，大于整体对网络要素的影响。

进化，打硬仗

每一次商业进化，经营的难度都大幅提升。"进化，打硬仗"是新中源陶瓷 2018 年年会的主旨，是对今天复杂度上升的应对。

第二节　建立外场之经营六问

站在企业与环境的关系来看，我们可以用六个问题来确认企业的新边界，或者叫新结构。

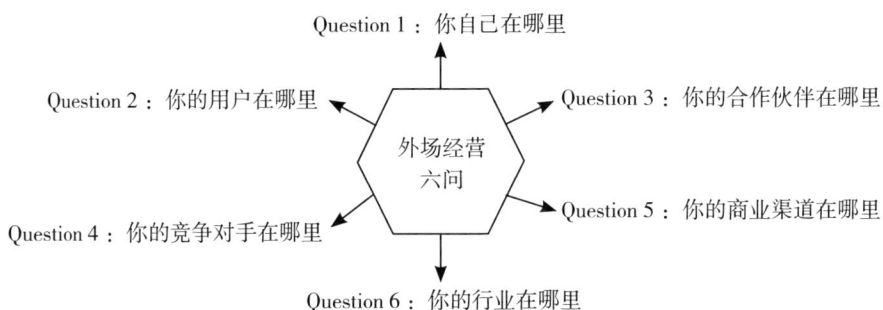

图 9.1　企业建立外场之经营六问

第一个问题：你自己在哪里

希腊德尔斐神殿上有句著名箴言——认识你自己！这句简单的格言经常被古希腊的哲学家们引用来规劝世人，也是世间一切哲学问题的根本。

做企业和做人一样。一个企业在经营和发展过程中，自身在市场竞争中处于怎样的地位和状态？在用户心中有着怎样的影响力？在行业中又处于什么样的位置？在整个社会环境中又是一个什么样的角色？对这些问题，企业领导者应该做到心知肚明。因为企业只有找到真实的自己，明确自己位置之所在，才能提供企业所产生的价值，完成企业所肩负的使命。

第二个问题：你的用户在哪里

今天的商业时代是一个凸显用户价值的时代，要想成为持续成长的价值型企业，就必须知道企业的用户是谁，用户在哪里，用户想要什么。这一话题在本书第三章、第四章中着重阐述了，需要进一步说明的是，在今天这一零边界商业时代，所有持续成功的企业都源于对用户价值的创新和满足，这些创新往往需要企业投入巨大的资金、技术和人才。但反过来想，为什么看似拥有同样资金、技术、人才的企业，却不能够取得同样的成功？究其根本，大多数企业将战略重心放在了市场竞争上而非用户上，对于一家持续成功的优秀企业来说，摆在第一位的问题永远不是与谁竞争、如何竞争的问题，而是提供更受用户青睐、对用户更有价值的产品（服务）的问题。

这就产生了另一个问题，传统用户观的失效。

过去企业寻找用户，是通过撒网式的大面积品牌传播，通过媒体的集中投放获取用户认可，而用户也是随机地跟我们的产品（服务）产生链接，最后形成购买。但在新的商业时代中，是企业如何与这些不断扩大的用户群体建立链接，跟用户形成一种持久的链接关系，这种链接关系不仅是网络链接，更是认知链接。

第三个问题：你的合作伙伴在哪里

在新的商业时代中，需要重新寻找合作伙伴的新锚点。企业应该问问自己，今天的合作伙伴究竟在哪里？过去，企业传统的合作伙伴，如上游供应商、下游代理商、媒体合作伙伴、创意合作伙伴等等，今天能不能在新的时代中彼此赋能？能不能促使你具备迭代的能力？他们的服务与你本身迭代升级后的能力是不是互相匹配的？如果合作伙伴不能升级，则自我无法升级。

第四个问题：你的竞争对手在哪里

在过去界限分明的商业时代，竞争对手基本上可以圈定在行业之内，我们很清楚地知道谁是老大，谁是老二，谁才是我们真正的对手。但是在今天，要搞清楚企业的竞争对手在哪里，是一个非常难以确定的问题。

是什么导致了传统竞争观的失效？

首先是大企业的边界延伸。很多绝对龙头企业，在主业市占率达到极限后，通常都会延伸产品品类，延伸产品品类在过去是大忌，有很多失败案例，但也有很成功的案例，这些成功的延伸者，他们的品类延伸，挤压了很多原来的单品企业，单品类企业在体量上和实力上都很难与成功的多品类企业竞争；其次，今天有很多跨界选手从外行进来，成为新的对手。比如近些年兴起的很多"互联网＋"企业，他们深入到很多传统行业中，运用互联网技术优势去迭代行业，当然有的是与杰出的传统企业合作，但有的也成了传统企业的竞争对手；最后是对手的创新。今天创新迭代的速度在大幅提速，导致了很多旧的传统企业消亡，同时也不断有新的选手产生。这些新的选手，其商业逻辑和操作路径与之前的企业发展方式有着根本性的不同。过去，企业是通过自身利润积累资本，然后再进行人才和技术的投入，进而不断发展壮大，这种发展速度通常是漫长的，很多传统企业，常常是发展了几十年才可能到达几亿、几十亿的规模。今天，由于很多创新的选手加入进来，具备互联网技术支撑，加上商业模式超前，在资本的助推下，他们甚至可以用亏损的方式来获取市场份额。所以我们看到，近些年很多的创新型企业，在获得巨大投资后，对传统行业产生了摧毁性的打击。虽然也有很多创新企业最终并没有存活下来，但却间接地推动了行业的进步和资源的优化重组。在这个过程中，只有少部分的传统企业经过快速迭代存活下来，所以不能低估创新型选手的竞争力。

第五个问题：你的商业渠道在哪里

对于传统的渠道模式是很容易理解的。比如过去传统企业最常采用的总代，经销，零售终端这样一种纵向的渠道模式，企业也可以通过线上平台做电商或者自建电商。但是在今天，随着渠道的多样化，什么样的渠道才能有效地触达用户，企业能否在新的形势下重新建立自己的渠道体系，这都是不可回避的渠道问题。比如，过去企业采用传统渠道方式，后来产生了电商平台与传统渠道争夺用户，很多企业就去建立自己的电商，但自建电商这条路几乎没有做成功的，包括有着巨大品牌影响力的海尔商城似乎也没有做成功。在今天，又出现社群、微商等新的连接方式，未来，随着移动互联网技术的链接范围无限扩大，渠道将变得无处不在，这就是我一直强调的在任何时间、任何地点、任何场景都能购物的方式。所以，企业需要搞清楚适合自身的渠道到底在哪里，又如何组合形成渠道体系，以达到均衡合力的效果。

第六个问题：你的行业在哪里

每一个新的时代都会倒下一批旧的行业，诞生新的行业。多数行业发展到一定阶段，注定会逐渐消亡。

很多人对此有异议，说"吃穿住行"是永久性的行业，永远不会消亡。此话不假，但这些行业也会被新的业态替代，变得面目全非。就拿出行行业的自行车来说，过去大中城市上下班时段，我们会看到街道上乌泱泱的自行车大军，但是在今天骑自行车的比率大幅减少了，因为汽车已经逐步普及，城市中的其他公共交通工具也越来越发达。为了通勤方便，即使今天还会骑自行车，我们也不需要自购，而是可以享受方便快捷的共享单车。所以，原来很多的自行车相关企业倒闭了，自行车专卖店也基本不复存在，修车的网点也在逐渐消亡。

整个行业消失或行业发生根本性的变化，这种现象比比皆是，并且这种变化呈现出越来越快的趋势。所以当下的任何企业都需要明白自身所处的行业，整个行业发展究竟到了什么阶段，是行业萌发期，还是行业成长期，是高峰期还是衰落期。

只有确定我们的行业在哪里，企业才能采取相应的策略和行动。

第三节　建立内场之自循环

企业如何建立自己的内场？也就是确立内在的新边界、新结构。

这种内场的建立需要企业与用户之间产生新的强关系，建立物质上的关系，信息上的关系和心灵上的关系。零边界商业时代最大的变化，就是心灵边界的消失。今天，由于整个用户群体在不断迭代和发生变化，消费行为和消费习惯在发生变化，企业的用户资产越庞大越能说明企业的"内场"越强大，而最强大的用户资产，一定是让用户从陌生人变成朋友，甚至变成自己人，这是企业建立内场需要做的方向，是企业与新时代的用户关系建立的新结构。

对此，我总结为三点：第一是寻找自己人，第二是成为自己人，第三是服务自己人。而这三点又是不断循环的。

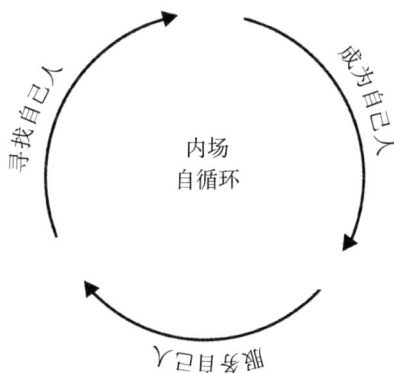

内场
自循环

寻找自己人

成为自己人

服务自己人

图9.2　企业内场之自循环

寻找自己人

当企业在建立品牌势能、渠道体系、购物体系的时候，同时也在不断地跟用户接触，跟用户成交，但是如何在此基础上寻找到属于企业的"自己人"呢？这些跟企业接触的用户、成交的用户，能不能成为自己人，在于企业塑造的品牌调性能不能与用户偏好一致，在此基础上建立跟用户的连接，让这些新的用户成为企业的用户资产。比如说运用会员体系，运用公众号、小程序、自媒体商城等等各种方式，让这些用户成为自己人。寻找、获取这些用户有很多技术手段，可以用公关传播、广告的方式，或者其他的连接手段，最重要的是需要企业能够输出和用户之间产生共鸣的内容，让用户能够自发地对我们产生兴趣，发生互动，在成交之后仍旧愿意跟我们进行连接。

成为自己人

用户成为企业"自己人"的前提条件是，企业要诚不相欺，把用户当自己人看。在此理念下，企业并不是将用户当作"待宰羔羊"，而是贴心地站在用户的角度思考问题、解决问题。

通俗地说，我们每个人都有属于自己的气场，两个人彼此有感觉，基本上第一眼看上去就有亲切感，对于这样状态，彼此都能够很快地拉近关系，毫无违和感。那么换作企业和用户来说也一样，很多用户与企业成为一种不但愿意消费产品，而且也愿意去维护企业声誉的关系的时候，那么用户就成了自己人。所以，当企业在寻找用户的时候，一定要寻找那些与企业价值观、产品观产生共鸣的用户。就像在人与人之间交朋友的过程中，有些人无论你怎么关心他，维护他，但就是无法贴近、产生共鸣，这样的人肯定不是你的朋友，换作企业也一样，花费了大量的时间和资源去贴近那些并不属于"自己人"的用户，就是在做毫无价值的无用功。

服务自己人

当用户成为自己人之后，要服务好自己人。亚马逊的贝索斯曾说："在现实世界，如果你惹用户不高兴，每个用户会告诉六位朋友；而在互联网上，如果你惹用户不高兴，每个用户都会告诉6000个人。"这是说一个负反馈，反过来说，真正服务好自己人，自己人都说好也能产生正反馈效应，带动新的用户不断进入企业的自己人循环系统中。

通过以上三个步骤就建立了用户资产，也就是企业的内场循环。当企业拥有庞大的用户基数，又能和这些用户产生良性互动后，这个企业的内场就会足够强大，就建立了足够强大的内部新边界、新结构。

在目前看来，所有当下成功的互联网企业、移动互联网企业都是如此经营用户的。但是对那些传统的品牌企业，能不能采取这种方式与用户建立连接呢？其实是可以的。就像媒体广泛报道和解读的明星企业瑞幸咖啡，就采取了这种方式。

先抛开媒体上对于瑞幸咖啡是非的争论，我们可以向其借鉴一些超前的营销思路。

瑞幸咖啡在开始接触消费者时，推出了首杯免费，通过布局在各种场合的广告，消费者只要扫码，线上下单就会获得首杯免费。有了这一次免费体验，瑞幸咖啡就跟消费者建立了最初的关系。当消费者订阅了瑞幸咖啡的微信公众号，注册了联系方式，瑞幸咖啡再采取新的方式来测试用户，比如消费者将一个折扣券转发到了朋友圈，朋友圈中产生消费，新加入的消费者不仅免费，而且发布朋友圈的消费者还会获得一张新券。

推荐得越多，获得的券也越多。通过这种所谓"裂变营销"的方式，不仅测试了大面积的用户，同时也连接了用户。

有了这一批基础用户，瑞幸咖啡再通过精致的服务将这些用户变成忠诚的消费者，比如在送咖啡环节与消费者礼貌对接，在线下各个咖啡馆触点营造氛围等等，我们可以看到，在瑞幸咖啡的店面里面都是年轻化的消费者。

此外，在设计上，瑞幸咖啡的 LOGO 极具特色，一只鹿，一个蓝色的色调，深受年轻用户群体的青睐。在价格上，相比星巴克等老牌咖啡，瑞幸咖啡也很便宜，并且口感也还不错，据此瑞幸咖啡就建立了高性价比，线上线下都可以体验的便捷优势。

通过短短一年多的时间，瑞幸咖啡已在全国建立了 4000 多家店面，并且全部自营。能够取得这样的成绩，本身就值得研究和借鉴。

瑞幸咖啡是一家咖啡连锁店吗？是，但也不仅是连锁咖啡。因为其连接的用户成了资产，上市市值为 40 多亿美元。所以决定瑞幸咖啡价值的不仅是布满各地的那些店面，而是对用户的经营。

第四节　不断变化的场

本文的"场"，就是企业在零边界商业环境中重建适应自己与外界的新边界、新结构，而这个新边界也是不断进化并迭代的。

哈佛大学管理学院西奥多·莱维特教授提出了一个著名的理论，在营销领域影响深远，叫作"营销近视症"。大意是说，多数企业都自觉或不自觉地将主要精力和企业资源放在产品或技术上，但却容易忽视市场的变化，最终导致与新的市场隔离，产品丧失竞争力，技术投入也变为沉没成本，结果就是彻底与时代脱节，最终消失得无影无踪。究其根源，是因为任何产品和服务，都不过是满足当下市场消费需要的一种媒介，一旦有消费者更喜欢，在性能、便利性、审美上更能满足消费者需要的新产品出现，现有的这些产品就会逐渐被淘汰。

正如一位央视下海创业的主持人张泉灵所说："时代扔掉你的时候，都不会跟你说声再见！"

莱维特教授断言："市场饱和或竞争惨烈并不会导致企业退出市场，造成企业退场的真正原因是企业家目光短浅，不能根据市场和消费者的需求变化而作出改变。"

这或许也是一个悖论，改变难，作出改变的决定更难。

天下这么多企业家，又有几个任正非？毫无疑问的是，未来的商业竞争会愈加激烈，要素不断聚合重组，新边界不会一成不变，因为技术的进步不仅仅影响到我们所谈论的企业，而是更大程度上影响到了人们思维意识和心理变化，反之，人们的思维意识和心理变化又会促进各种现有事物的重新布局和聚合。

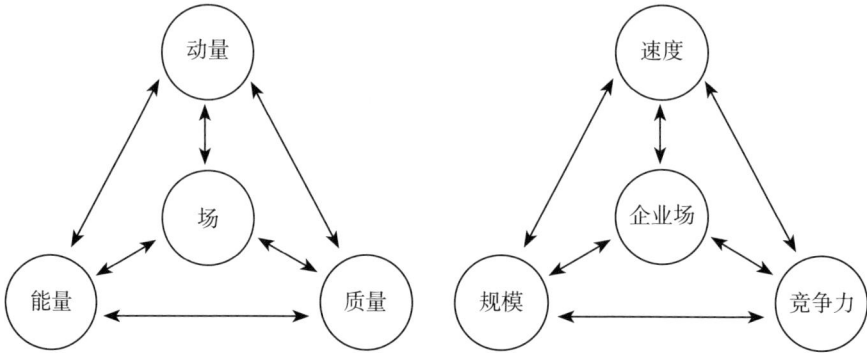

图 9.3　不断动态变迁的场

　　所以，重建边界，就是一个不断重建生存结构的过程而已。

　　对于不断重建的勇气，我们要像科幻作家刘慈欣所描述的那样："太阳即将毁灭，地球已经不适合人类生存，面对绝境，人类开启'流浪地球'计划，试图带着地球一起逃离太阳系，寻找人类的新家园。"

第五节　全屋优品如何重建生态裂变式增长

用户需求变化催生软装新物种

零边界商业时代的到来，新的要素重新聚集与组合，各行各业都在新的市场环境下催生出全新的物种。它们不同于人们之前熟悉的企业，它们对品牌、产品、渠道等进行了重新定义，打碎旧有边界，依据年轻用户的特点、喜好、消费习惯重新组合，重建边界，重构产业生态，为越来越挑剔的新消费群体提供更加极致的产品与服务。

家居企业过去多是单品企业，比如只生产沙发、只生产床垫等，一个企业基本上都是一个品类，但随着企业的成长，规模更大的企业都产生了跨界扩张的欲望，这类巨头型的企业，成为商业生态的一级。但对于绝大部分企业而言，无力扩张更多的品类，做好大单品还是关键，但大单品如何面对今天的用户？

过去，人们装修房子，通常都要一家家建材市场去跑，一家家产品去寻找、比价与谈判，要完成家具布置，就要跑上半年，还不一定搭配合适。风格不统一、色彩搭配不协调、空间缺少个性化元素等情况经常出现。

今天的主流用户年轻人和新中产产生了一站式购齐所有家具软装的愿望。因为他们所处的生活环境更加快节奏，消费能力更强，对居住空间、生活品质的追求更高，他们需要的是能够省时、省心、省力的一站式空间系统解决方案。同时，房地产全装修时代到来，精装房与用户之间的环节需要整体软装来衔接。用户在交房后甚至购房时就可以选择后续的软装解决方案，他们不再愿意花费太多时间去跑建材市场，甚至是浏览网络商城，而是通过开发商或者软装方案提供商，选定自己喜爱的空间，在承诺期限内前来验收即可，其间不需再被迫投入精力关注。

于是，用户的集成系统方案的需求，与大量单品企业无法集成的矛盾间，存在一个巨大的市场空间，需要一种新的业态，聚合这些产品，从而为新时代用户提供系统软装解决方案。

一站式家居软装新渠道平台全屋优品创始人周志胜发现了这个市场空间，创办了为用户提供系统软装解决方案的全屋优品和家装配，发展非常快捷，从 0 到 7 个亿营收，只花了短短 3 年时间，增长远超传统单一品牌和生产性单一品类，他是如何做到的？

从用户的角度思考，打造整体系统交付方案

基于用户的需求，全屋优品致力整合国际化的设计和家居产品，可提供上千套的家居空间设计方案，并通过自主研发的移动智能终端，以 4D 云设计 VR 虚拟场景化技术让用户拥有身临其境的体验。目前，已经与 200 多个国内外一线家居品牌达成战略合作，共有 3 万多个 SKU，其中 5000 多款 SKU 为自主设计研发的专有款式，产品大部分零售价低于传统家居市场价格 30%。近 70 个原装进口品牌已经拿到中国总代理权，零售价格基本为其他国外进口家居品类价格的 50% 左右。这种全球集采的国内外产品相结合，和全品类的家居融合，形成了中国最大的家居软装供应链新渠道平台，为合作整体商提供一站式软装解决方案。

全屋优品在产品层面的核心价值，就是将单品变成用户生活方式的设计方案，是一种生活方式的解决方案。与单品相比，除了功能的系统化集成外，还多了设计的附加值，人文的附加值，加入了生活方式的元素，这

是只销售产品的单品企业很难满足的。

在生产方面，与澳大利亚、意大利、越南、美国、马来西亚等地众多国际化工厂以及国内长三角和珠三角的资深优质生产厂家合作，优化配置产能。同时，加码建设自有产品的仓储体系。目前除了合资共建的40万平方米生产基地以外，还率先在行业内建立了虚拟仓和线下仓的自有仓储体系，共计几十万平方米。在严格把控产品源头品质的同时，快速完成交付，形成最终闭环。目前，已建立覆盖160多个城市的店面与配送服务网点。

流量思维突破 B 端生意

随着天猫、京东等电商平台流量增长红利的衰退，线下卖场流量也十分稀缺，流量来源急速裂变，各个渠道的获客能力都在下滑，用户不会再集中于某一个固定的点，而是无处不在，通向用户的途径也变得四通八达，那么如何获取用户，固定获取通道，如何突破流量瓶颈取得爆发式增长，是初创企业的关键一环。

虽然全屋优品是为消费者提供软装解决方案，但目前全屋优品将核心目标用户定在三个方面，由三类 B 端用户解决用户匹配，全屋优品利用自主研发的技术 saas 系统和 ERP 系统提供后台支持。三类企业一个是装企，一个是地产，一个是线下的门店。这三个模式在未来三年还是流量的聚集地。地产和装企其实是一个新的流量，门店是老的流量聚集地。其实是人与货，人与场都发生了改变。原来消费者都是去门店里，他能选择什么取决于你给他什么，取决于销售员的话术，销售员的能力，还有企业卖点的突出，甚至客情关系，是一个不固定的形态。但是现在的消费人群变了，年轻人希望你别跟我说话，我自己能看得懂，我现在看得懂东西，所见即所得，这些年轻人想要的东西就是我也不专业，但是我相信我看到的东西。这时需要在第二个层面，就是装修公司的入口解决问题。装企做房子

235 ·

设计的时候，就能看到这个房子设计出来真正的效果是什么，能不能一比一地还原，如果能够一比一地还原，消费者愿意多花很多钱，没问题。如果还原不了，对不起就退了。如果能够一比一地还原，满足客户的所见即所得的需求，装修公司是有很大话语权的。把装修跟软装结合在一起变成了一个效果方案，消费者现在要的就是最终的效果，也就是解决方案。

地产这个渠道就是再延伸一步，把消费者要的效果加上实物的房间结合，装修公司有效果，没有实物。但是到了样板房的时候，这个房子就是用户要买的，全屋优品把用户想要的效果搬进来，变成样板房，然后把用户认为不够的地方，再形成虚拟效果。这个比装企体验的场景更加逼真，更加还原，更加接近现实一些。真正的供应链，货才能让你所见及所想，全屋优品就是要把用户的梦想与理想变成现实。

传统店面的渠道以后存在的形式也就是解决方案式的，就是这一套解决方案多少钱，那一套多少钱，全屋优品要干的就是提升每一套的性价比和它的销量，不单单仅限于去提升每一个单品。

目前，全屋优品已经与新城、保利、绿地集团、碧桂园等房地产开发商达成合作，在其楼盘内进行软装战略合作销售，有部分楼盘转化率达到30%。金螳螂、东易日盛、星艺、华浔、美迪、名雕、沪佳、生活家等10亿元以上的装企，也都是全屋优品的重要战略合作伙伴，仅重要渠道的年采购量有望几年内突破50亿元。在2018年年初推出的专门为家装公司做配套的项目"家装配"上线后仅仅6个月，月销售额即已突破2000万元。未来三年，每个城市前十到前十五名的装企都有机会成为全屋优品家装配的重点合作对象。全屋优品为每个企业量身定制了属于合作伙伴的专属系统和产品供应链。

为此，全屋优品还打造了软装培训学院，为合作装企与地产做专业的家居软装培训，提升其专业的家居知识、设计能力、销售技巧和交付能力。

行业路由器，商业新生态

全屋优品致力于打造中国最专业的家居软装渠道平台，以软装为主体，兼有"家装配"等为装企配套的硬装部分，在 2018 年一跃成为家居行业最强供应链。它一半是大家熟知的 S2B2C 模式，以最终用户为起点，为各大小 B 商家赋能，联合服务最终用户。另一方面，又通过连接的广大小 B 商家所形成的采购量，反过来为中小厂家赋能，这种赋能不仅是销量的，还有要为他们赋能的信息技术基础设施。

周志胜表示，全屋优品相当于成百上千个企业的采购部、技术部、安装部、售后部、研发部，同时又连接了用户，这些部门功能的整合，让这个价值复合提升很高。

为什么定位为行业路由器？周志胜说："强大系统解决方案设计能力的背后需要强大的供应链能力，还要加上强大的履约能力，强大的交付能力，这么多 SKU 才能够组合供应链的时候，如何通过信息化去规范它，做到信息化的同步，我们叫信息流的打通，因为信息流太多了。原来一个专卖店，信息就是五十个，现在有五万个的时候，人怎么处理，处理不了的时候，信息流打通就需要技术来实行了，技术就包括了上游碎片化的需求，下游碎片化的产能，如何匹配与连接，这是我们要做的事情。这就是我们的基因跟别人的基因不一样的地方，我们是有一个技术基因，所以我们叫作家居产业路由器，也可以叫作家居软装的新渠道，这是我们的一个定位。我不是一个简简单单的一个供应链，供应链不是我们这么样的玩法。全屋优品不是供应链，是一个产业路由器，是一个新渠道的品牌。我们加了很多，定价权、设计权、组合权，还有交付的权力都在我这里，甚至研发设计定制权都在我这里，其实我们是相当于运营的。"

为什么能做这个路由器的角色，周志胜认为，需要三个要素才能具备基本条件，即使全具备也不一定成功。第一个是产业背景，就是你要具有这个行业深厚的产业功底，上游的生产，下游的销售，中间的技术，这三个产业都很熟，创始人至少有八年经验，团队经验在五年以上。第二个是交易系统，就是你有没有一套完整的交易系统，让上下游很舒畅地进行交易。第三个叫技术性，你的 saas 系统，能不能把上游和下游效率得到同步的优化，把信息流、资金流都打通。这个 saas 系统是为这个行业量身定做的，别的行业拿过来是没有用的。这三个要素必不可少，缺一不可。全屋优品在这三个点上，目前来说是处于发展状态，起步阶段。这三个点是有关系的。未来全屋优品一定是技术驱动型的公司，而不是一个供应链驱动型的公司，因为你的供应链多了，需求多了，你的技术提升不上来，做不了，这么多 SKU，也卖不出去，做不到标准化，全是问题。所以技术驱动才是全屋优品的内核，千万不要觉得全屋优品只是一个卖货的，不要觉得只是一个批发商，如果要干批发商就把技术部去掉，只留市场部和采购部就可以了。所以周志胜认为全屋优品一定是技术驱动的、科技型的公司，现在载体是供应链，内容是家居软装行业。这是一种商业模式，这就是平台，平台的产生是上游极度分散，下游极度分散，在这个过程才会产生平台，才会产生技术的需求，才会产生壁垒，周志胜认为全屋的价值在这点。

三年三迭代，一路高成长

全屋优品从刚开始就有一个明晰的定位：不是一个卖货的。其核心意思就是卖货是为了差价，而全屋优品不是一个赚差价的公司，是行业路由器，是一个行业软装解决方案的平台级公司。全屋优品从创业到 2019 年也就 3 年时间，从零开始，现在已经达到了六七亿元的规模，可能与一些互联网公司的速度不能相比，但对于家居行业而言，已经是最近几年新创公司中，最快的发展速度了。为什么进展这么快？周志胜解读了他的三次模式迭代，而每一次模式迭代，都是为了打死过去的模式。

模式 1.0 时代。这个阶段是 2016 年到 2017 年，是全屋优品 1.0 版本时代。这一个阶段的事情就是把全屋这个品牌进行了市场化，他们的目的是让整个市场行业有全屋优品这个品牌，让投资圈知道有全屋优品这么一个公司在，让优秀的人才知道有全屋优品这个载体。这三个都达成了。做家居运营的公司太多了，全屋优品能够在这么多的公司里面杀出一条路出来，让别人知道，还能够存在，获得那么多大型投资公司的投资，已经很厉害了。总之，第一阶段做的就是供应链的事情。

模式 2.0 时代，第二个阶段就是 2018 年的下半年，就是从 5 月开始，全屋优品开始做第二个计划。他们研发了一个渠道工具——家装配。行业在 2016—2018 年的时候，流量在不停地发生叠加改变，整装企业从 2017 年开始提出了整装的概念，到 2018 年的时候，大家都认为整装是未来的风口，到 2019 年和未来几年的时候，或许每个装修公司和定制企业都在摸索这个风口，都在践行这个风口。但是当全屋优品 2018 年做这个事情的时候，已经提前布局了，包括技术、团队、资金、市场部，还有仓储的储备。所以能提前满足市场的这个需求，家装配的出现就是在迎接家居软装的新时代，也就是家居软装领域渠道碎片化时代。碎片化渠道时代中流量抓取的问题会特别难。但是总会有些主流的渠道能看清，比如装企的流量、地产的流量。

未来 3.0 时代。全屋优品还有一个更大的计划，就是要把上游碎片化的供给和下游最碎片化的需求自动匹配，这个商业模式产生的价值就不是一百亿元、两百亿元的产值了，有可能达到上千亿元的规模，目前技术团队已经在做深度研发。周志胜说，这次技术迭代出来的时候，会有很多的微创新，它比原来的 1.0 和 2.0 有很多的内容深化。目前 2.0 已经领先这个市场，技术基因、产品基因、交付基因、市场基因都很强。如果整装公司用好 2.0 这个工具，其软装选择和匹配度都将是非常好的。

"这是我们现在在思考的未来行业发展变化的问题，往后看 5 年，5 年后站住了后，我觉得企业和模式价值更大。"周志胜说。

后记
关于未来

我总有一种探索未来的癖好。四年前，我写了《未来商业模式》一书，希望站在未来商业演变的视角，洞悉当下商业模式变革的逻辑。四年来，《未来商业模式》也成了财经类畅销书，成了很多传统企业寻求变革，创新企业寻求商业创新的参考书，我也因此与各行各业的读者结缘。

新著《如何与3亿新中产交朋友》，其实我是想以新中产用户变迁为锚点，借以引申出我所架构零边界商业时代的企业变革模型，以人心变化为核心的时代所持续的时间，也将是一个大跨度的时代，也是一个波澜壮阔的商业时代。

企业和时代的关系，正如古希腊哲学家赫拉克利特所描述的人与河流的关系。即使我们停滞不前，时代也在不断向前翻滚。今天的竞争越来越复杂，我们再也不能用传统的思维和手段进行简单的竞争。但竞争永在，就像达尔文《物种起源》中描述的生命进化史那样，遗传变异，适者生存，最后剩下来的生命体，不一定是当时最强的，但一定是在进化与变异中最适应环境的那一种，因为求存才是生命最大的本能。

对于自己构建的一个关于未来的商业世界，是一种空想，还是一种有意义的构想；是一个已经发生的未来，还是一个未来会发生的现实，对于一个观察者来讲已经不太重要，重要的是我们在不停地让思想奔跑。

我国先秦思想家庄子曾说："吾生也有涯，而知也无涯，以有涯随无涯，殆已！"这句富含哲理的话是说，人的一生是有限的，而知识却是无限的，以有限的人生追求无限的知识，是不可取的。庄子想告诉我们，我们人类不可能完全懂得和悉数掌握古往今来的全部知识，辩证地说明了人类认知的有限和世界知识的无限。

即使人类的未知远远大于已知，即使未来的商业世界扑朔迷离，但对于这个让人兴奋的零边界商业世界，应该如何去界定、描述和分析，以及对未来企业如何进行前瞻性指引，我也愿意像西班牙伟大作家塞万提斯笔下的唐·吉诃德一样，去想一想，试一试。

最后，我要特别感谢我的妻子刘扬以及岳父、岳母，在我调研、创作期间，很少照顾家里，是他们教育了孩子，也维持了那个我也称之为"家庭组织"的良好运转，刘扬还是我的创作助手。我要特别感谢红星美凯龙副总裁、IMP智慧营销总裁何兴华，红星美凯龙营销中心副总经理宋丹，百得胜全屋定制董事长、执行总裁张健，新中源陶瓷营销总经理陈勤显，全屋优品创始人周志胜，感谢他们的赏识、鼓励与大力支持，我还要感谢东方出版社资深编辑许剑秋老师，他是我在东方出版社时的老领导，感谢他在过去大力支持我的营销创新，也感谢在今天对我事业的大力支持。我还要感谢编辑陈丽娜、许正阳，以及东方出版社主管发行、营销的同事，一本书的畅销，是一个系统的团队合力输出的结果，只是享受荣光的变成了作者，但我深知，我只是前台的符号，背后的那些力量才最伟大。我还要感谢同事阮崇晓、周丽媛、王洪博等，他们从资料整理、采访、编辑到绘图，都协助我做了大量工作，让我能更高效地完成本书的撰写。

最后，我还要特别感谢许许多多的哲学家、思想家、科学家、作家，还有许多伟大的企业家，不论他们是古代的还是现代的，也不论他们是西方的，还是东方的，我都从中受益良多，越进步，我越感受到他们给予我的力量，也越感受到那些杰出的人物对社会、对于我等普通人所带来的光辉，感谢他们。

需要感谢的人很多，这里列出少许，但恐怕只是挂一漏万，以致内心忐忑，唯有寄望于未来的创作中，逐渐弥补这些缺憾了。

李　骞

2019 年 4 月 6 日于北京

参考文献

王东岳:《物演通论》,中信出版社。

李骞:《未来商业模式》,东方出版社。

老子:《道德经》。

[美]丹尼尔·卡尼曼:《思考,快与慢》,中信出版社。

[日]稻盛和夫:《活法》,东方出版社。

[美]克莱顿·克里斯坦森:《创新者的窘境》,中信出版社。

[日]三浦展:《第四消费社会》,东方出版社。

[奥地利]西格蒙德·弗洛伊德:《梦的解析》,远方出版社。

[法]古斯塔夫·勒庞:《乌合之众》,远方出版社。

[美]艾伯特·拉斯洛·巴拉巴西:《链接》,浙江人民出版社。

[美]诺曼:《设计心理学》,中信出版社。

[日]松井忠三:《解密无印良品》,新星出版社。

[美]德内拉·梅多斯等:《增长的极限》,机械工业出版社。

[以色列]尤瓦尔·赫拉利:《人类简史》,中信出版社。

乔良、王湘穗:《超限战》,长江文艺出版社。

包政:《营销的本质》,机械工业出版社。

[美]熊彼特:《经济发展理论》,商务印书馆。

[美]伯恩德·H.施密特:《体验式营销》,中国三峡出版社。

[美]艾·里斯、杰克·特劳特:《定位》,中国财政经济出版社。

[美]菲利普·科特勒:《营销管理》,中国人民大学出版社。

［美］小艾尔弗雷德·D. 钱德勒：《看得见的手：美国企业的管理革命》，商务印书馆。

［美］迈克尔·波特：《竞争战略》，中信出版社。

［美］西奥多·莱维特：《营销想象力》，机械工业出版社。

《马化腾：人要清醒，外面掌声越热烈就越危险》，见 http://www.sohu.com/a/194289348_479794。

王志纲：《"盗火者"任正非》，见 http://www.sohu.com/a/291764868_378279。

附 录

未来商业智库简介
——创新思想驱动成长

一、未来商业智库简介

上医治未病，在家居建材产业快速发展的今天，我们及时应对变化的策略已不能适应当下行业的更快速迭代，我们必须具备洞察行业未来的预见力，才能避免辉煌一时，却突然陷入增长失速的艰难困境。

未来商业智库于 2017 年成立，是由行业资深专家李骞领衔打造，联合行业与跨界实战专家，一线企业家与高管，深度研究泛家居产业变革，利用独创思考分析模型，提出思想变革、技术变革、用户变革的三大硬驱动力，未来观、创新观、跨界观三大方法论，构成了未来商业智库认识商业变革的系统性框架。

企业的成长是企业思想体系成长的结果，我们希望，通过打造整个厂商及产业链生态企业经营体系连续创新的思想架构，协助企业不断拓宽认知边界与认知深度，助推企业获得连续性高增长的能力。

未来商业智库，用创新思想驱动成长。

二、创始人兼首席专家

总发起人：李骞。

著名财经作家，泛家居产业资深专家。

盛和传媒董事长，分享资本创始人。

"零边界竞争"系统理论创立者，著有《未来商业模式》《决胜O2O的七大支柱》《如何与3亿新中产交朋友》等书。

三、核心内容与活动

1. 泛家居产业年度趋势报告

2. 泛家居产业年度趋势大课

3. 标杆游学

4. 中国家居产业资本化论坛

5. 中国家居产业消费趋势论坛

6. 中国家居产业第三方服务论坛

7. 中国泛家居产业创新论坛

8. 中国泛家居产业美学论坛

9. 财经畅销书打造

10. 与领袖100企业家对话

泛家居产业从业者扫码关注了解智库内容

微信ID：wlsyzk

图书在版编目（CIP）数据

如何与3亿新中产交朋友：零边界商业时代的创新、变革与品牌决战 / 李骞著.
—北京：东方出版社，2019.6
ISBN 978-7-5207-1039-8

Ⅰ.①如…　Ⅱ.①李…　Ⅲ.①商业管理—研究　Ⅳ.① F712

中国版本图书馆 CIP 数据核字（2019）第 100233 号

如何与 3 亿新中产交朋友：零边界商业时代的创新、变革与品牌决战
（ RUHE YU 3 YI XINZHONGCHAN JIAOPENGYOU: LINGBIANJIE
SHANGYESHIDAI DE CHUANGXIN、BIANGE YU PINPAIJUEZHAN ）

作　　者：李　骞
策 划 人：许剑秋
责任编辑：陈丽娜　许正阳
出　　版：东方出版社
发　　行：人民东方出版传媒有限公司
地　　址：北京市朝阳区西坝河北里 51 号
邮政编码：100028
印　　刷：北京汇瑞嘉合文化发展有限公司
版　　次：2019 年 6 月第 1 版
印　　次：2019 年 6 月第 1 次印刷
印　　数：1—20 000 册
开　　本：710 毫米 ×1000 毫米　1/16
印　　张：16.5
字　　数：199 千字
书　　号：ISBN 978-7-5207-1039-8
定　　价：62.00 元
发行电话：（010）85924663　　85924644　　85924641
